AF453291

L'ART
DE NAVIGUER
DANS
L'AIR

EXPOSÉ

PAR C. G. KRATZENSTEIN,

PROFESSEUR ROYAL DE PHYSIQUE
EXPERIMENTALE ET MEMBRE DE
PLUSIEURS ACADEMIES.

Avec Figures.

A COPENHAVEN & LEIPZIG,
CHEZ FABER & NITSCHKE.
1784.

D'un nouvel ocean, Argonautes nouveaux,
De *Colomb* & de *Cook* furpaffez les travaux!
Suivez ce *Montgolfier*, qui d'une main certaine
A de la pefanteur enfin brife la chaine!
Partez, volez, cherchez dans les plaines d'azur
Un air moins variable, un horizon plus pur!

G. de la BRENELLERIE.

A MONSIEUR

CHARLES,

PROFESSEUR DE PHYSIQUE

EXPERIMENTALE.

MONSIEUR,

Si Mr. de MONTGOLFIER a imaginé & realisé le premier vaisseau aërien, vous avez trouvé un moyen plus fur, & moins formidable, furtout, pour l'elever & le foutenir dans l'air. Le plus merveilleux enfant de l'efprit humain, fi vous ne lui aviez donné l'education, feroit peut être resté long tems dans l'enfance: votre genie l'en a fait fortir, & l'a mis à même de donner les plus grandes efperances. Je m'eftimerois heureux, fi mes foibles lumiéres puiffent contribuer à le perfectionner. Permettez moi donc, Monfieur, de foumettre mes idées à votre jugement, & de vous les offrir comme un hommage dû aux talents, qui vous immortalifent, & qui vous rendent cher à celui, qui a l'honneur d'être,

MONSIEUR,

*Votre trés humble
& trés obeiffant Serviteur,
l'auteur.*

§. 1.

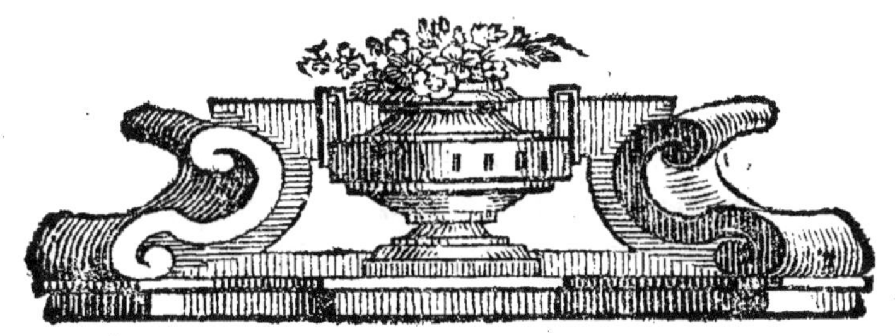

L'ART
DE NAVIGUER DANS L'AIR.

§. 1.

IL eſt aſſéz humiliant pour l'esprit humain, que l'on doive au hazard la plupart des inventions les plus utiles. Un amateur de la phyſique remplit des globes de ſavon avec de l'air inflammable, uniquement pour le plaiſir de les entendre éclater, & obſerve avec admiration, que ces globes, au lieu de tomber lentement, s'élevent au contraire dans l'air. Un autre Phyſicien, deſirant des globes plus durables, fait des ballons de papier & de taffetas, qui remplîs auſſi d'air inflammable s'envolent de même; & dès lors le moyen de conſtruire un vaiſſeau aërien eſt trouvé.

A

§. 2.

§. 2.

Mecontent de moi même, & faché de n'avoir pas imaginé auffi ce moyen depuis 1776, que l'on connoit par les obfervations de Mr. *Cavendifh*, que l'air inflamable a une pefanteur fpecifique beaucoup moindre, que celle de l'air commun, je veux du moins tâcher de donner d'une manèire detaillée l'art de naviguer dans l'air avec quelque fureté. Je m'y fens d'autant plus difpofé, que depuis 40 ans j'ai étudié cette matiére, en cherchant les moyens de vaincre les difficultés, qui femblent rendre impoffible l'execution du vaiffeau aërien, fondé fur les loix de l'hydroftatique, & propofé, il y a 98 ans, par le celébre Italien, *Francifcus Tertius de Lanis*, dans fon livre: *Magifterium naturæ & artis.* Or comme mes penfées fur ce fujet ne font pas d'aujourd'hui, & que les manoeuvres des vaiffeaux de mer me font d'ailleurs asfèz familières, j'espere, que mes reflexions & mes confeils ne deplairont pas aux amateurs de la navigation aërienne, qui fans doute n'attendent que le retour du printems, pour travailler à la conftruction d'un vaiffeau aërien plus durable, que les ballons de toile ou de taffetas, qui perdent en peu de tems la faculté de nager dans l'air. La première navigation aërienne a démontré, que le ballon de toile n'a pu fouffrir pendant une

demi-

demi-heure, fans menacer ruine par l'action continuelle du feu du fourneau pour renouveller le gas ; il importe donc de pouvoir fe paffer d'un aide auffi formidable, capable comme un autre Jupiter, de foudroyer nos nouveaux Phaëtons. Le ballon de taffetas de Msr. le Profeffeur Charles peut bien fe paffer de feu, mais il perd pourtant fon gas avec le tems, & demande, qu'il foit renouvellé ; ce qui ne fe peut faire fans embarras & fans depenfes. Un tel ballon coute moins, il eft vrai, qu'un ballon durable ne couteroit, mais la dépenfe de celui-ci une fois faite, on feroit difpenfé d'en faire de nouvelles dans la fuite, & il feroit toujours prêt à partir, quand on voudroit.

§. 3.

Le plan du vaiffeau aërien, propofé par le Père Lana en 1686, eft fondé fur une loi hydroftatique très connue, fçavoir, que chaque corps, pefé dans un fluide, y perd autant de fa pefanteur, que pefe la portion du fluide de même volume ; p. e. un pied cube de folide quelconque, pefé dans l'eau, y perdra 70 livres en France, 62 liv. en Dannemarc, & 64 en Angleterre, parcequ'un pied cube d'eau pefe à Paris 70 livres, à Copenhague 62, & à Londres 64 liv. C'est par cette perte, que les pontons de cuivre & les grandes marmites de fer nagent fur l'eau.

Or

Or en conſtruiſant, ſuivant le calcul de P. Lana, un ballon ſphérique de cuivre de lames ſi minces, que leur pied quarré ne pèſe pas plus de 3 onces, le cuivre d'un ballon de 20 pieds de diamètre peſera 3621 onces, l'air du même volume 6436 onces. Or le ballon vuidé d'air & libre ſera élevé par la preſſion de l'air exterieur, peſant plus que le ballon à volume égal, & prétendant en occuper la place, comme un lieu plus bas, avec la force de 2815 onces, ou 234 livres, difference entre le poids du ballon & celui de l'air, qu'il déplace. En augmentant ſon diamètre de 4 pieds, le ballon vuidé ſera en état d'enlever avec lui environ 670 livres.

§. 4.

Il n'y a point de doute, que ce plan ne ſoit bien fondé dans la théorie; il ne manque pour le mettre en pratique, que de pouvoir ſatisfaire à une condition néceſſaire, mais difficile, ſi elle n'eſt pas même impoſſible à remplir, ſçavoir, de faire un ballon ſi grand, de lames ſi minces, d'une courbure ſi parfaite, qu'il ne reſte pas un quart de pouce quarré plan. Autrement l'air exterieur commencera à y exercer ſa force de compreſſion, & tout l'hemiſphère de ce coté ſera preſſé dans l'hemiſphere oppoſé; c'eſt ce qui arriva au ballon imparfait d'Otto Guerike, deſtiné à peſer l'air, l'air, & au mien, qui pourtant étoit en apparence bien fphérique, & que j'avois fait faire de cuivre affés épais. Outre cela les lames du P. Lana font trop minces, pour en pouvoir conftruire un ballon, qui puiffe foutenir les manoeuvres néceffaires. A peine pourroit-on conftruire un grand ballon de lames, dont le pied quarré peferoit 9 demionces.

§. 5.

Pour montrer, de quelle grandeur il faut conftruire le corps du vaiffeau aërien fuivant le plan du Père Lana, j'en expoferai le calcul. Soit le diamètre du ballon fpherique $= d$, le poids du pied quarré de la lame de cuivre, ou d'autre matière quelconque convenable, dont on veut conftruire le ballon $= m$; le poids du pied cube de l'air $= A$, la peripherie, (le diamètre étant l'unité) $= p$; nous aurons le poids de la croute du ballon $= ddpm$, & le poids de l'air, qui pouffe en haut le ballon vuidé, $= dddpA : 6$. En faifant $ddpm = dddpA : 6$, nous aurons $d = 6 m : A$, pour un ballon, qui vuidé eft d'une, pefanteur fpecifique égale à celle de l'air. En y deftinant des lames, dont le pied quarré peferoit 9 demionces, on aura $d = 6 \times 9 : 3 = 18$ pieds. En augmentant le diamètre de quelques pieds, le ballon vuidé fera en état d'enlever un poids

A 3   à peu

à peu près égal à la difference entre la pefanteur de la croute & celle de l'air déplacé
par le ballon.   Mais il n'en vaut pas la peine
d'infifter plus long tems fur ce plan, parceque la précifion requife dans la conftruction,
pour que le ballon puiffe réfifter à la preffion
de l'air, peut être regardée comme impra-
ticable.

§. 6.

C'eft au celébre & immortel *de* MONT-
GOLFIER, que nous fommes redevables du
moyen, de nous paffer de cette fcrupuleufe
conformation du ballon, en le remplisfant
d'une efpece d'air ou gas, qui eft fuivant
Mr. Cavendifh de 7 à 10, & fuivant Mr.
Achard, de 3 à 6 fois moins pefant, que l'air
atmofphérique près de la terre, & qui nean-
moins, ayant autant d'elafticité, que l'air commun, peut réfifter à fa preffion.   Nous ne
fommes donc plus obligés d'évacuer l'air du
ballon, & nous n'avons plus à craindre de le
voir ruiné par la preffion de l'air exterieur.
Depuis cette connoiffancé l'art de naviguer
dans l'air peut fe reduire aux articles fuivants:

1.   De choifir la matière la plus convenable
     pour en conftruire le ballon, ou le corps
     principal du vaiffeau.
2.   De déterminer la figure la plus avan-
     tageufe, tant pour vaincre la réfiftance de
     l'air exterieur contre la grande furface

du

du corps du vaiſſeau, que pour menager
le métal, ou la matière de la croute du
ballon.

3.   De déterminer, de quelle grandeur il doit
être, pour enlever avec lui un poids
donné à une hauteur donnée.

4.   D'expoſer la méthode & l'ordre de la
conſtruction même, & les dépenſes, qu'elle
exige.

5.   De remplir le ballon avec de l'air inflammable pur, leger & refroidi.

6.   De prévenir les effets nuiſibles, que pourroit produire ſur le ballon la différence
de la peſanteur & de la preſſion de l'air
exterieur.

7.   D'attacher au ballon le bateau, qui doit
recevoir les voyageurs, ſans endommager
le ballon par ſon poids.

8.   De mettre cette machine en mouvement,
ou par le vent, ou par des rames, de la
faire monter plus haut, ou deſcendre plus
bas, ſuivant l'intention des voyageurs, &
d'expoſer l'appareil néceſſaire pour cela.

9.   De donner le pilotage relatif à la navigation aërienne.

10. De préuoir les perils, aux quels le vaiſſeau
& l'équipage pourront être expoſés.

A 4   §. 7.

§. 7.

Nous n'avons guères d'autre matière convenable à la conſtruction d'un vaiſſeau aërien durable, que le métal applati en lames minces. Le cuivre rouge & jaune y convient par ſon obéiſſance au marteau, & par ſa durée, êtant peu ſujet à la rouille. Le fer blanc y convient mieux par ſa plus grande rigidité & par ſon poids moindre à epaiſſeur egale, par la facilité auſſi, d'en joindre les lames par la ſoudure, & par ſon prix, qui eſt plus bas. En conſtruiſant le vaiſſeau de planches de bois, il faudroit le revetir de métal, pour qu'il ne laiſſat pas échapper le gas inflammable par ſes pores. Ce que l'on gagneroit par ſa fermeté, on le perdroit par la grandeur énorme, qu'il faudroit lui donner. Si l'on ne prétend pas, que le corps principal du vaiſſeau ſoit ferme & qu'il puiſſe conſerver ſon gas pour toujours, il eſt connu par les expériences deja faites par Mſſrs. de Montgolfier & Charles, que la toile de chanvre, de lin, de coton, que le taffetas & même le papier y conviennent, pourvu, qu'on ait ſoin de boucher les pores de la toile, en y collant du papier, ou avec un vernis d'huile, de ſuccin, ou de caoutſchouc ou de réſine élaſtique.

Pour les vaiſſeaux aëriens en petit l'on peut choiſir l'oripeau, le taffetas, le parchemin, le papier le plus fin, & ſur tout la

peau

peau exterieure des inteftins des grands ani-
maux appretée en lames. Pour le *minimum*
d'un tel ballon ou *mont-au-ciel* il faut choifir la peau exterieure du boyeau culier de
boeuf, que l'on appelle *baudruche*, dont on
peut avoir une lame de 6 pouces de large
& de trois pieds de long. On feroit bien
d'examiner, fi la peau de la baleine, qui eft affez
mince & affés ferme, & fi les inteftins & les veffies
des grands poiffons y feroient propres. Peut-
être, que la vesfie d'un grand boeuf, affermie
à la machine propre à comprimer l'air, pourroit
être peu à peu étendue & extenuée à un tel point,
que, remplie avec du gas inflammable le plus
pur & le plus leger, elle montat dans
l'atmofphère.

§. 8.

La figure la plus auantageufe, qu'on
pourroit donner au vaiffeau aërien, feroit
fans doute la figure fphérique. Parce qu'elle
a la proprieté de contenir autant de volume,
que tout autre, fous une moindre furface.
Or la moindre furface, admettant la moindre
enveloppe, eft par conféquent la moins pefante. Le volume le plus grand poffible fous
cette furface déplacera une plus grande portion de l'air exterieur, qu'aucun corps d'une
autre figure, & le corps du navire fphérique
fera un *minimum* pour une force élevante
donnée. Mais fi cette figure eft la plus avan-

A 5 tageufe,

tageufe, elle n'eſt pas la plus aifée à conſtruire, ni la plus propre à avancer, parcequ'elle op-pofe trop de furface à la réſiſtance de l'air. La conſtruction d'une croute ſphérique deman-de un grand nombre de fegments ſphériques, triangulaires, difficiles à former, qui multi-plient auſſi le nombre des foudures. En fub-ſtituant à la ſphère un corps cylindrique, ter-miné par deux cones, toute la croute de ce corps peut être de lames plattes quarrées, ex-cepté quelques lames des cones, qui doivent être triangulaires ou fegments de triangle, & le nombre des foudures, qui augmentent le poids de la croute, peut être beaucoup moindre, que dans la croute ſphérique. En allongeant le cone de devant, l'on peut di-minuer la refiſtance de l'air exterieur d'un tiers, & par la accelerer fenfiblement l'avan-cement du vaiffeau par les rames. Il eſt vrai, que la croute cylindrique & conique pefera environ de 1000 livres de plus, que la croutes ſphérique, mais je ne doute pas, que les autres avantages de cette forme ne compenfent l'augmentation de la pefanteur. C'eſt la même chofe dans la forme des vais-feaux de mer. En leur donnant la forme hemifphérique, leur conſtruction demande-roit un *minimum* de bois, & l'efpace pour la cargaifon feroit un *maximum*. Mais un tel vaiffeau ne pourroit faire route qu' à dix

rhumbs

rhumbs environ près du vent; & fa derive dans les tempêtes contraires à fa route feroit énorme, & environ huit fois plus grande, que la derive d'un vaiffeau ordinaire, il obéiroit peu au gouvernail, &c. Ces defavantages ont rendu néceffaire la forme allongée, que l'on donne à préfent aux navires. Cependant, fi l'on n'a pas l'intention d'accelerer l'avancement du vaiffeau aërien par les rames, fi l'on ne craint pas un peu plus de travail & de foin dans la conftruction, je ne veux point diffuader, de choifir la forme fphérique parcequ' à d'autres egards elle a des avantages, qui la recommandent. La forme, qui approche le plus de la fphérique & la fphéroidique, eft la cono-cylindrique, dont la fection par l'axe eft un hexagone regulier. Mais fi cette forme, comme nous avons dit, admet une conftruction plus facile, que la fpherique, la réfiftance, que ce corps trouvera à fon mouvement dans l'air, fera à peu près la même, que la refiftance, qu'éprouveroit la fphère. Or dans l'intention de diminuer la refiftance, il faut allonger le cone de devant, ou même tous les deux. On peut p. e. leur donner une hauteur egale au rayon de leur periphérie, ou les faire équilateraux. En cas, que l'on veuille faire le corps du vaiffeau plus ferme, il faut diminuer fon diamètre, & obtenir le volume néceffaire pour monter par l'allonge-

ment

ment du cylindre & des cones; p. e. en donnant au cylindre une hauteur égale à son
fimple, double ou triple diamètre, & aux cônes
une hauteur égale au rayon. Ce retréciffement
du diamètre diminue auffi la refiftance de l'air,
& favorife l'avancement du vaiffeau par les
rames. J'ai repréfenté ces fix formes par
les fig. 1. 2. 3. 4. 5. 6. L'entrepreneur peut
choifir celle, qui répond le mieux à fes
intentions.

§. 9.

Grandeur du vaiffeau aërien.

Faifons à préfent le calcul général des
dimenfions de ces fix formes du corps du
navire. Soit le poids du pied cube de l'air
inflammable, ou du gas plus léger que l'air
commun, avec le quel on veut remplir le
ballon $= i$, & $A - i = e =$ à l'excédant
du poids de l'air commun fur celui du gas;
la furface du corps de vaiffeau $= S$, & fon
volume $= V$; nous aurons pour la fphère
$S = ddp$, & $V = dddp : 6$. le poids de la
croute étant $= Sm$ & la force élevante de
l'air exterieur $= Ve$. Faifons $Sm = Ve$, ou
$ddpm = dddpe : 6$, nous aurons le diamètre
de la fphère, dont la pefanteur fera nulle dans
l'air, lorfqu'on l'aura rempli de gas, en fai-
faint

fant $d = 6 m : e$. Soit la pefanteur du bateau attaché au ballon avec fon équipage $= h$ & faifons $ddpm + b = dddpe : 6$. En cherchant la racine de cette équation, nous aurons le diametre du ballon fphérique, qui rempli de notre gas, fera capable de nager dans l'air avec fon bateau, à une hauteur, à laquelle l'excédant e convient.

Dans le corps cono-cylindrique hexagone regulier chaque coté fera $= d : \sqrt{3}$, la furface du cylindre $= ddp : \sqrt{3}$; la furface de chaque cone $ddp : 2 \sqrt{3}$, & toute la furface $S = 2 ddp : \sqrt{3}$. Le volume du cylindre fera $= ddp : 4 \sqrt{3}$, celui de chaque cone $dddp : 24 \sqrt{3}$, & tout le volume $V = dddp . 3 \sqrt{3}$. En faifant $2 ddpm : \sqrt{3} = dddpe : 3 \sqrt{3}$, nous aurons comme auparauant, $d = 6 m : e$. En augmentant ce diamètre de quelques pieds, il fera facile de trouver le diamètre convenable, pour que ce corps puiffe elever fon bateau attaché à une hauteur donnée dans l'atmofphére.

En faifant la hauteur du cylindre $H = d : 2$, & en allongeant les cones de ce corps, & faifant leur hauteur h egale à la hauteur du cylindre, nous aurons leur coté $= d : \sqrt{2}$. Or la furface des deux cônes fera $= ddp : \sqrt{2}$ & leur volume $= dddp : 12$; donc toute la furface fera $(ddp : 2) + (ddp : \sqrt{2}) = 1,2071 ddp = S$; & tout le volume $V = (dddp : 8)$

$(dddp:8) + (dddp:12) = 10. dddp: 48.$ En faifant $0,2083\ dddpe = 1,2071\ ddpm$, nous aurons $d = 5,794\ m:e$ pour le diamètre du corps de cette forme, lequel rempli de gas n'aura aucune pefanteur dans l'air.

Pour diminuer le diamètre encore plus, l'on peut faire la hauteur du cylindre égale à fon diamètre, & celle des cones égale au rayon. En ce cas nous aurons $S = ddp + ddp: \sqrt{2} = 1,7071\ ddp$, & $V = dddp:3$; on aura donc $d = 5,1213\ m:e$, pour le corps de cette forme, lequel eft d'égale pefanteur fpecifique avec l'air atmofphérique, dont le pied cube a un poids $= A$.

Comme il eft important de donner au corps du vaiffeau la forme la plus favorable, pour qu'il ne trouve dans l'air que la moindre refiftance poffible à fon mouvement, relatiment aux autres conditions données, voyons, combien un plus grand allongement de ce corps pourra être profitable. Faifons donc la longueur de la cinquième efpèce de notre vaiffeau egale au triple de fon diamètre; proportion, que l'on obferve dans la conftruction de quelques efpèces de navires marchands. En ce cas nous aurons la hauteur du cylindre $H = 2d$; la hauteur de chaque cone $h = d:2$; $S = 2,7071\ ddp$, & $V = 7\ dddp:12$.

En

En faifant $Sm = Ve$, l'on aura $d = 4,641$ $m : e$, pour le diamètre du corps de cette forme, lequel, rempli de nôtre gas, eft d'égale pefanteur fpécifique avec l'air commun.

Faifons enfin la longueur du corps égale au quadruple de fon diamètre, comme des corps de frégattes; nous aurons $H = 3 d$; $b = d : 2$; $S = 3,7071 \, ddp$; $V = 5 \, dddp : 6$; & $d = 4,448 \, m : e$.

Au lieu de chercher la racine de l'équation, $ddpm + b = dddpe : 6$, on fera mieux d'augmenter le diamètre du ballon de pefanteur fpécifique égale à celle de l'air commun, d'un ou deux pieds fucceffivement, & en continuant de calculer le furpoids de l'air commun, on parviendra à connoître le diamètre, que le ballon doit avoir, pour élever le bateau dans l'air inferieur.

Afin que le ballon puiffe s'elever à une hauteur donnée $= h$, on cherchera la denfité ou le poids du pied cube de l'air $= a$ à cette hauteur, (§. 12.) & l'excédant de ce poids e, qui en refultera, fubftitué dans nos équations, donnera le diamètre d'un ballon un peu plus grand, qui fera capable de s'élever avec fon bateau à l'hauteur defirée.

§. 10.

§. 10.

Pefanteur fpécifique de l'air commun.

Pour faire l'application de ces équations à la pratique, il faut connoître le poids du pied cube de l'air constant dans chaque état de l'atmofphere, marqué par le baromètre & le thermomètre. Il eft êtonnant, qu' à peine un feul phyficien jusqu'ici ait cherché à réfoudre ce problème. Nous trouvons bien deux ou trois ponderations de l'air dans des ballons de cuivre dans les memoires de quelques phyficiens, mais ils ne les ont pas répétées dans des états de l'atmofphère très differens; ils n'ont marqué ni à quel terme l'air avoit été evacué du ballon, ni l'état du baromètre & du thermomètre. C'eft l'évacuation imparfaite de l'air du ballon, qui a fait croire moindre, qu'elle n'eft en effet, la pefanteur fpécifique de l'air commun, comparée à celle de l'eau; p. e. de 850, 900 á 1000 fois moindre; ce qui n'a pourtant lieu, que dans les pays très élevés au deffus du niveau de la mer. Nous avons deux methodes pour réfoudre ce probléme; la première eft: d'evacuer une quantité connue de l'air d'un grand ballon de cuivre ou de verre d'un volume connu, de le pefer d'abord fcrupuleufement dans cet état vuide,

& de

'e le repefer enfuite après y avoir fait
... l'air. Le baromètre d'épreuve de la
ompe pneumatique marquera le degré de
...enation, & le thermomètre la tempera-
.... En pefant ainfi l'air froid &
ch.... ... l'on fera en état de
calculer ... ... pécifique dans chaque
état de l'atmofphère.

§. II.

L'autre méthode demande des obfervations baromètriques exactes ... ires près de
la terre & à une hauteur donné... ... moyen
de ces deux fortes d'obfervations il eft facile
de trouver la pefanteur fpecifique foit de
l'air inferieur, foit ... qui eft au deffus,
par des équations a ... ues. Soit la hauteur du baromètre à ... $e^b = B$ & fa hauteur
à l'élevation $h = b$, 1 ... oportion de la pefanteur fpécifique du mercure à celle de l'air
inferieur comme n à 1; nous aurons $n =$
$b : B$ log hyp. $(B : b)$. Au defaut des logarithmes hyper oliques il faut changer les logarithmes ordinaires en hyperboliques, en les
multipliant par $2,302585$, dont le logarithme
eft $0,3622157$. Or nous aurons $ln = lb -$
$[l (l B - l b) + l B + 0,3622157]$ Cette
denfité n eft celle de l'air voifin de la terre,
la hauteur du baromètre êtant $= B$; & la température de l'air êtant la moyenne entre celle
de l'air voifin de la terre & celle de l'air dans
la hauteur $= h$.

B   P. ex

P. ex. Soit $B - b = 1$ ligne de pouce, le nombre n fera egal à la hauteur d'une colonne de d'air d'égale denfité foutenant l'equilibre avec une ligne de mercure dans le baromètre. C'eft le celebre *Deluc*, qui le premier a ofé deduire de fes obfervations barométriques & thermométriques combinées la pefanteur fpécifique de l'air pour fes differentes températures en hiver & en été; il feroit important dans l'époque préfente de verifier fon calcul par de nouvelles obfervations; car on ne peut pas prétendre, que le premier eſſay d'un calcul, fondé fur des obfervations aſſés délicates, foit tout à fait exaĉt. Comme Msr. *Deluc* fait dans fon calcul des correĉtions fuivant une échelle thermomètrique particulière, j'ai changé la forme de fa méthode pour reduire le calcul au thermomètre de Nollet, (injustement dit: de Reaumur) fans que le produit en foit changé. Voici le réfultat de mon calcul en logarithmes:

Therm.	Log. L	Therm.	Log. L
$+$ 25	6. 59126	0	6. 53963
20	6. 58141	— 5	6. 52852
15	6. 57134	— 10	6. 51713
10	6. 56103	— 15	6. 50542
5	6. 55046	— 20	6. 49339

En otant de ces logarithmes L le logarithme B en lignes & décimales, l'on aura le log. n. P. ex. M. *Deluc* à déterminé fui-

vant

vant fa méthode le nombre $n = 11232$, la hauteur du baromètre êtant de $324'''$, & le thermomètre à $+ 10°$. Or otant le log. de 324 du log. 6.56103, il reftera le log. du nombre 11233. La très petite différence vient de l'omiffion d'une petite fraction dans le nombre précedent. Suivant mes obfervations la pefanteur fpécifique du mercure re-purgé eft à celle de l'eau dans l'air tempéré comme 13, 58 à 1. Or fi le pied cube d'eau tempérée pefe à Paris 70 livres, le pied cube de mercure y pefera 950, 6 livres. En Dannemarc il pefera 841, 96 liv. & en Angleterre 869, 12 livres fous la température d'environ $+ 10°$.

Mais la denfité du mercure êtant variable fous la même température de 13, 58, à 14, 0, fuivant le degré de fa pureté, il fera plus fur, de prendre le nombre moyen entre ces deux, fçavoir 13, 79. Suivant cette proportion le pied cube de mercure pefera à Paris 965, 3 livres. Parceque cette pefanteur a lieu le thermomètre êtant à $+ 10°$, il faut reduire la hauteur du baromètre à cette température par l'equation $r = B'''N : 4320$, dans la quelle r marque la reduction, B la hauteur du baromètre, & N le nombre des degrés du thermomètre au deffus ou au deffous $+ 10°$. Suivant les expériences de Mr. Schoukbourg, le divifeur de BN doit etre 4400, au lieu de 4320. Auffi peut-on reduire la pefanteur

B 2

du

du pied cube de mercure & la hauteur du baromètre au point de la glace ou 0°. Dans ce cas il faut changer 965, 3 liv. en 967, 5 livres = 30960 demionces, dont le logarithme est 4. 49080. En otant de ce logarithme le log. n, on aura le log. A, ou a, pesanteur du pied cube de l'air d'une température donnée en demionces & decimales. Directement l'on aura log. $A = 4.49080 +$ log. $B''' — L$; où L signifie le logarithme répondant au degré de la température de l'air dans la table precedente. Voici une table de la pesanteur du pied cube de l'air voisin de la terre repondant à certains degrés du baromètre & thermomètre.

Thermomètre de Nollet.

Bar.	25°	20°	15°	10°	5°	0°	—5°	—10°	—15°
$27\frac{1}{2}$	2,618	2,678	2,741	2,807	2,876	2,949	3,025	3,106	3,191
28	2,666	2,727	2,791	2,858	2,929	3,003	3,080	3,162	3,249
$28\frac{1}{2}$	2,714	2,776	2,841	2,909	2,981	3,056	3,135	3,219	3,307

§. 12.

Densité & pesanteur de l'air à une hauteur donnée.

On sçait, que le voyageur aërien pourra toujours par l'observation de la hauteur du baromètre sur la terre & dans l'air connoitre à quelques pieds prés, quelle est l'elevation de son vaisseau, par l'equation: $h = n B.$
log.

log. hyp. $B : b$. Par les logarithmes ordinaires l'on aura $lb = l (1 B - 1b) + 1 B + 1n + 0. 3622157$, ou $1b' = 1(1B - 1b) + L + 2. 20385$. ($\S$. 11). Or il fera facile de dreſſer une table, dans la quelle le pilote aërien pourra connoitre dans tous les moments ſon élevation par la hauteur du baromètre & thermomètre. En joignant à ces deux inſtrumens un *manomètre*, dans le quel une quantité connue d'air énfermé dans un globe ou cylindre ſoutient une colonne de mercure, l'on connoitra immediatement la denſité ou peſanteur ſpécifique de l'air à cette hauteur. Par la theorie, fondée ſur les obſervations de Mr. *Deluc*, on trouvera cette denſité ſuivant la méthode expoſeé $\S$. 11, en otant le logarithme b''' du logarithme L, repondant à la temperature de l'air dans la hauteur donnée ou trouvée. Enfin la peſanteur du pied cube de l'air dans l'elevation donnée ſe trouve en demionces par l'équation: log. $a = 4. 49080 + 1b''' - L$. Dans le cas, que la température de l'air ſeroit egale en haut & en bas, la denſité de l'air en haut ſeroit à celle d'en bas en raiſon directe de B & b. Or la denſité en bas étant connue, nous aurons celle d'en haut $n' = nb : B$. Dans la même ſuppoſition l'on trouvera la comparaiſon entre la hauteur b & la denſité de l'air n' & n par l'equation $b = Bn$. log. hyp. $1 : nn'$, & $n' = 1 :$

B 3

ne

$ne^{h:Bn}$; *e* étant le nombre, dont le logar. hyperbolique $= 1$; mais parceque cette fuppofition n'a pas lieu dans l'atmofphère, il feroit inutile d'en faire ufage. Comme il ne fera plus difficile de trouver par le vaiffeau aërien en differentes faifons de l'année la proportion entre la hauteur dans l'atmofphère & la diminution de la chaleur, le ciel étant ferein, couvert ou pluvieux, nous ferons en peu de rems en état de déterminer la hauteur dans l'atmofphère par la defcente du baromètre avec plus de précifion, que la pratique ne le demande. Voici une table de la pefanteur du pied cube de l'air à differentes hauteurs dans l'atmofphère, le baromètre étant fur la terre à 28" & le thermomètre à $+$ 10 degrés. Je fuppofe fuivant l'obfervation du celebre Profeffeur *Charles*, que pour chaque 762 pieds de hauteur le thermomètre defcend d'un degré; quoique cette fuppofition puiffe bien varier en differentes faifons, furtout aprés que le ciel à eté long tems ferein; car dans ce cas il monte tous les jours de la terre une grande maffe d'air echauffé, qui fait place à l'air ambiant moins chaud. Cette diminution de la chaleur, relativement à la hauteur doit auffi varier dans le même jour du matin au foir, &c.

Pefanteur

Pesanteur specifique de l'air à differentes hauteurs.

Hauteur	Barom.	A & a	Therm.
o. p.	28,00,00	2,858 d.o.	+ 10, 00
100	27,10,67	2,849	9, 87
200	27, 9,35	2,840	9, 74
300	27, 8,03	2,830	9, 61
400	27, 6,71	2,820	9, 47
600	27, 4,09	2,802	9, 21
800	27, 1,49	2,783	8, 95
1000	26,10,89	2,764	8, 69
2000	25,10,12	2,672	7, 37
4000	23, 9,65	2,493	4, 75
6000	21,10,35	2,321	2, 12
8000	20,00,75	2,157	— 0, 50
10000	18, 4,26	2,000	3, 13

§. 13.

Pesanteur spécifique de l'air inflammable.

Pour déterminer la grandeur du vaisseau aërien, il faut aussi connoître la pesanteur du pied cube de l'air inflammable. Car la force, avec la quelle le vaisseau monte dans l'air commun, est égale à la différence entre le poids de l'air commun, que le vaisseau déplace, & le poids de l'air inflammable, qui remplit le vaisseau. Mr. Cavendish est le premier, qui à pesé avec quelque precision l'air inflammable en 1776. Pour faire le calcul suivant sa méthode, il faut remarquer, qu'il à déterminé le volume de l'air pesé par des mesures, qui contenoient une once d'eau,

pesant

pefant 480 grains Troy. Le pouce cube d'eau pefant 254 grains le volume d'une telle mefure égale 1, 89 du pouce cube anglois. Or 100 mefures égalent 189 pouces cubes, & 80 mefures égalent 151, 2 pouces cubes. Notre phyficien remplisfoit une vesfie, contenant environ 100 mefures, avec 80 mefures d'air inflammable, fans y laisfer d'air commun. Après avoir mis cette vesfie en équilibre avec un contrepoids fur une balance fenfible, il en chasfoit tout l'air inflammable; la vesfie pefoit alors $40\frac{1}{2}$ grains de plus, qu'auparavant, fi l'air etoit extrait du zinc disfous dans l'acide de fel marin; $40\frac{3}{4}$ grains de plus, l'air êtant extrait du zinc disfous dans l'acide vitriolique, 41 grains de plus, l'air êtant extrait de l'étain, & $41\frac{1}{2}$ grain de plus, l'air êtant extrait des fils de fer disfous. Le baromètre marquoit $29\frac{3}{4}$ "angl$= 27$", $10'''7$ P. Le therm. êtoit au $50°$ de l'échelle de Farenheit, ou $+ 8°$ de celle de Nollet. Suivant Mr. *Cavendifh* l'air commun étoit dans cet état de l'atmofphere 800 fois moins pefant que l'eau. Cherchons à préfent la pefanteur fpécifique de l'air inflammable par ces experiences. Soit la pefanteur d'une mefure d'air commun $= a$, celle de l'air inflammable $= i$; le volume de l'air introduit dans la vesfie $= v$; cette vesfie pefée dans l'air commun y perdra une partie de fon poids $= av — iv$.

Dans

Dans les experiences expofées la plus petite
perte étant $40\frac{1}{2}$ gr., nous avons $av - 40\frac{1}{2}$ gr.
$= iv$, & parceque $a = 480 : 800 = 0, 6$;
& $v = 80$, on aura $av = 48$ gr. Donc
$48 - 40\frac{1}{2} = 7\frac{1}{2}$ gr. $= iv$, & $av : iv = 6, 4$;
Or la pefanteur fpécifique de l'air commun
eft à celle de l'air inflammable dans cette expérience, comme 64 à 10: La plus grande
perte etoit $= 41\frac{1}{2}$ gr; Donc $48 - 41\frac{1}{2} =$
$6\frac{1}{2} = iv$ & $48 : 6\frac{1}{2} = 7, 38$. L'air inflammable s'eft trouvé dans cette experience
$7\frac{1}{3}$ fois plus leger, que l'air commun; foit,
que cette méthode n'admette pas affez de précifion, ou que la differente fubtilité du phlogiftique ou du diffolvant, ou que l'admiffion
& le melange de l'air fixe ou de l'acide aërien,
ou des vapeurs aqueufes aient produit cette
diverfité.

§. 14.

Comme cette détermination de grande
confequence eft fondeé fur la fuppofition, que
l'air commun dans le tems de l'experience à
été 800 fois plus léger que l'eau, il impor-
tera de chercher fa denfité pour ce tems fuivant les obfervations de Mr. *Deluc* (§. 11.)
par l'equation $6. 55681 - l. 334, 8 - l.$
$13, 79 = l. 781$, au lieu de 800, fuppofé
par Mr. *Cavendifh*. Or $a = 480 : 781 =$
$0,6148$, & $av = 49, 19$ gr. Donc $49, 19 -$
$40\frac{1}{2} = 8, 69 = iv$, & $av : iv = 5, 66 : 1.$

Dans l'autre expérience, ou la perte étoit $=$ 41$\frac{1}{2}$ gr. l'on trouvera $av : iv = 6 , 39 : 1$. Pour plus de fureté, nous nous en tiendrons à la plus petite proportion entre la pefanteur fpécifique de l'air commun & celle de l'air inflammable, fçavoir, que l'air inflammable eft 5$\frac{2}{3}$ fois plus leger, que l'air commun. Parceque l'air inflammable dans une veffie fera comprimé ou dilaté, fuivant que l'air exterieur deviendra plus ou moins denfe, il eft affez probable, que la proportion entre la denfité de l'air commun & celle de l'air inflammable *pur*, reftera toujours à peu près la même.

§. 15.

J'ai lu dans un journal allemand une differtation du célébre *Achard*, dans la quelle il à auffi déterminé la pefanteur fpécifique de différentes efpéces de gas. Suppofant la denfité de l'air commun $= 1$, il a trouvé la denfité de l'air inflamble tiré de l'orge par le feu $= 1$, tiré du fer diffous dans l'esprit de vitriol $= 0, 355$, tiré du zinc diffous dans l'efprit de fel marin $= \frac{1}{6}$; tiré du zinc dis-fous par l'acide de phosphore $= \frac{1}{2}$; tiré du fer diffous dans le même acide $= \frac{1}{2}$, diffous dans le vinaigre $= 0, 583$. Parmi ces dé-terminations la feconde comparée avec la troi-fieme & avec celle de Cavendifh m'a princi-palement frappé. Celui-ci dit expreffément,

n'avoir

n'avoir trouvé d'autre différence entre la pefanteur de ces deux fortes de gas, que celle
qui peut être confidérée comme une imper-
fection presqu'inévitable dans une expérience
fi délicate, où la différence d'un grain produit une grande différence dans le refultat.
Cependant il eft très intéreffant pour l'entrepreneur du vaiffeau aërien, de fçavoir avec
fureté, fi l'air inflammable produit par la dis-
folution du fer ou du zinc dans l'acide vitriolique, eft 3 ou 6 fois plus léger, que l'air
commun ; car cette différence en produit une
tres grande différence dans la détermination
de la grandeur du vaiffeau aërien. Il fera
pour cette raifon très avantageux pour l'entrepreneur, de pefer un grand volume d'air inflammable dans un cylindre de fer blanc,
avant que de commencer la conftruction du
ballon.

<h3 style="text-align:center">§. 16.</h3>

<h2 style="text-align:center">Dimenfions du vaiffeau aërien.</h2>

A préfent nous fommes en état de
déterminer les dimenfions du vaiffeau aërien.
Choififfons pour le premier effay le fer blanc
anglois, que l'on à fait paffer entre deux cy-
lindres de fer poli, pour applanir fes boffes,
& pour lui donner du luftre. Le pied quarré
de ces lames pèfe avec la foudure acceffoire
18 demi-onces $= m.$ Comme le vaiffeau aë-

rien

aërien doit être en état de nager dans l'air, même dans un état de l'atmofphère défavorable, p. e. le baromètre etant à $27\frac{1}{2}$ " & le thermomètre à + 22°, & atteindre une hauteur d'environ 400 pieds, pour furpaffer les tours & collines, il faut y accommoder nôtre calcul. Dans cette température de l'air à la hauteur de 400 pieds le baromètre defcendra à 27", 1"', 1. & le pied cube de l'air à cette hauteur pefera 2,615 demi-onces, & celui de l'air près de la terre 2, 654 d. o. (§. 12) Comme l'on ne doit pas remplir le ballon avec de l'air inflammable dans cet état de l'air, où fa preffion eft ammoindrie, mais plûtot dans un tems, où le baromètre eft monté en haut, & que l'air eft froid, pourque fa preffion augmentée ne faffe pas éprouver quelque compreffion au ballon, nous devons déterminer le poids du pied cube du gas inflammable pour le tems, où l'air commun eft pefant & froid; p. e. lorsque le pied cube de l'air commun pefe 3 demionces. En ce cas le pied cube du gas inflammable pefera 0, 5294 de demionce, & l'excédant du poids de l'air commun dans l'élévation b fera 2, 0856 demionces $= e$, pour chaque pied cube du ballon. Or par l'equation (§. 9.) $d = 6\,m : e$, nous aurons tant pour le ballon fphérique, que pour le cono-cylindre hexagone régulier $d =$ 6. 18 : 2, 0856. $=$ 51 pieds $9\frac{1}{2}$ pouces. Or

le

le ballon de fer blanc ayant ce diamètre, rempli d'air inflammable pur, & fans appendice, nagera dans l'air à la hauteur de 400 pieds, le baromètre étant à $27\frac{1}{2}''$ & le thermomètre à $+ 22^\circ$. On comprend, qu'il montera plus haut, fi l'atmofphère devient plus denfe. Je n'ai pas accommodé le calcul à une denfité moindre de l'air, parceque le baromètre defcend rarement en êté plus bas, qu' à $27\frac{1}{2}$ pouces, excepté dans les pays très élevés au deffus du niveau de la mer. Mais comme nôtre ballon doit élever avec lui le bateau avec deux rameurs & un pilote timonnier, il faut augmenter fon diamètre de quelques pieds, jusqu' à ce, qu' il devienne $ddpm + b = dddpe : 6$. Pofons $b = 1000$ lv. $= 32000$ demionces, nous aurons $18\ ddp + 32000 = 2,0856.\ dddp : 6$; & $d = 59, 94$, ou à peu près 60 pieds pour le diamètre du ballon fphérique ou conocylindrique hexagone, qui fera capable d'élever avec lui un bateau avec fon équipage, pefant 1000 à 1009 livres à la hauteur de 400 pieds dans un jour d'êté tres chaud, le baromètre étant trés bas. Pour trouver avec le moins de peine la force élevante du ballon fphérique fous chaque diamètre, l'on fera log. $ddd + \bar{z}. 53308 = 1P$. & log. $dd, + 0. 24727 = $ log. p; alors $P - p$ fera la force élevante du ballon fphérique; la pefanteur de ce ballon fera de 6362
livres

livres & fon volume de 113097 pieds cubes.
Pour faciliter la comparaifon de nos fix différentes formes du ballon, j'ai expofé dans la fuite
leur devis dans une table générale.

§. 17.

Frais pour le corps du vaiſſeau aërien.

Si la conftruction de notre ballon fphérique ou cono-cylindrique, fa confervation, &
fur tout l'opération de le remplir avec de
l'air inflammable ne trouve pas des difficultés
imprévues & infurmontables, les dépenfes,
qu il exigera, font fi fupportables en comparaifon du prix d'un vaiffeau de guerre, qui
fouvent fait naufrage dans fa première courfe,
qu'un riche particulier pourra aifément y fuf-
fire. Dans le cas le plus malheureux les
lames de fer blanc ou de cuivre, qu'on y avoit
employées, pourront fervir à couvrir des
toits, & elles y conviennent par excellence,
comme chargeant très peu les maifons & ne
demandant pas des réparations fréquentes. Le
fer blanc, étant revêtu d'un vernis durable fait avec de l'huile de couleur jaune,
jouera le toit doré, & foutiendra mieux les
fortes pluyes & les gelées, que les tuiles
ordinaires. Rien ne fera donc perdu, qu'une

partie

partie des dépenſes pour les carcaſſes & pour la façon, celles, qu'on ſera obligé de faire pour remplir le ballon avec de l'air inflammable, ne devant avoir lieu, qu'après, qu'on ſe ſera aſſuré, qu'il a la fermeté ſuffiſante pour ſa deſtination. Voici une expoſition des dépenſes, que demandera à peu près la conſtruction de nôtre ballon ſphérique. Suivant le prix du fer blanc angiois égaliſé & poli, qu'on trouve ici, je ne doute pas, que l'on ne puiſſe avoir en gros des fabriques 30 pieds quarrés de ces lames pour un ducat d'Hollande. La ſoudure pour chaque pied quarré coutera environ $\frac{1}{100}$ ducat. Or, la ſurface de nôtre ballon étant de 11310 pieds quarrés, le fer blanc néceſſaire & ſa ſoudure couteront 490 ducats. Comptons 270 ducats pour la carcaſſe de bois, ſervant à y conformer la ſphère, & 40 ducats pour les frais extraordinaires dans la compoſition des deux hemiſphères, nous aurons la ſomme de 800 ducats d'Hollande, ou de 2000 rigsdaler de Dannemarc, ou de 8914 livres de France environ, que notre ballon coutera à conſtruire, avant d'être en état de recevoir l'air inflammable.

§. 18.
Dépenſes pour l'air inflammable.

En cas, que les chymiſtes ne trouvent pas un moyen moins coureux, de

pro

produire en quantité le gas inflammable pur, qui doit remplir nôtre ballon, que celui, de l'extraire des métaux diffous dans les acides minéraux, cet article coutera beaucoup plus, que le ballon même. Pour produire un pied cube d'air inflammable il faut diffoudre 6 demionces de copeaux de fer dans 12 demionces d'huile de vitriol mêlée avec 36 demionces d'eau. Suivant *Cavendish* 5 demionces de fils de fer donnent un pied cube anglois de ce gas. En achetant l'huile de vitriol anglois en grande quantité des fabriques, l'on en aura 17 livres pour un ducat, & 40 livres des copeaux de fer couteront à peu près autant. Or 113097 pieds cubes demandent 21206 livres de copeaux de fer, ou fer menu, & 42412 livres d'huile de vitriol. Le premier article coutera 530 & l'autre 2495 ducats; fomme 3025 ducats, = 7563 rigsdaler, = 33707 livres. Cette fomme fait avec les frais du ballon 3825 ducats. Comptons encore pour les frais de l'appareil, néceffaire pour remplir le ballon avec le gas inflammable, 175 ducats, toute la dépenfe pour le ballon, prêt à s'élever, fera de 4000 ducats, = 10000 rigsdaler, = 44571 livres. Le prix du vaiffeau aërien eft par conféquent 8 à 10 fois moindre, que celui d'un vaiffeau de guerre, & il fera néanmoins

moins en état de ruiner toute une flotte ennemie dans le port même, fans qu'elle puiffe l'endommager.

§. 19.

Devis de 6 formes du vaiffeau aërien.

	F. I.	F. II.	F. III.	F. IV.	F. V.	F. VI.
Diamètre, p.	60	59,1	57,18	50,05	44,32	41,76
Longueur, p.	60	68,24	85,77	100,10	132,96	167,04
Surface, p. q.	11310	12670	12398	13435	16706	20310
Volume, p. c.	113097	124804	122360	131293	159539	190656
Ve $=$ livr.	7371	8134	7974	8557	10398	12426
Sm $=$ livr.	6362	7127	6974	7557	9397	11424
Surpoids livr.	1009	1007	1000	1000	1001	1002
Aire réfift. p. q.	1414	1028	908	696	546	485
Viteffe rélative	1000	1172	1247	1426	1610	1708
Prix d. fer blanc	377 D.	423 D.	414 D.	448 D.	557 D.	677 D.
Frais d. l. conftr.	423 D.	474 D.	464 D.	503 D.	625 D.	760 D.
Fer menu, livr.	21206	23401	22943	24618	29914	35748
Huile d. vitr. lv.	42412	46802	45886	49236	59828	71496
L'air infl. coute	3200 D.	3532 D.	3463 D.	3715 D.	4514 D.	5395 D.
Somme $=$	4000 D.	4429 D.	4341 D.	4666 D.	5696 D.	6832 D.

J'ai avancé ici le réfultat du calcul de la viteffe rélative, que chaque efpèce du ballon recevra, la force mouvante étant la même, pour mette l'entrepreneur en état de juger, combien l'augmentation de la viteffe des formes allongées peut compenfer l'aggrandiffement du ballon & l'augmentation des dépenfes.

C §. 20.

§. 20.

Essais préliminaires.

Avant d'expofer la méthode pour conftruire le ballon, il fera néceffaire de réflechir fur le moyen, d'en chaffer l'air commun & de le remplir en fuite avec le gas inflammable, pour y accommoder la conftruction intérieure. Car il faut avouer, que cette operation fera affez difficile. Le ballon rigide de métal ne peut être plié & ferré enfemble, comme le ballon de toile ou de taffetas, pour en chaffer l'air commun, & y faire entrer enfuite le gas inflammable. Je connois à préfent trois moyens feulement pour y réuffir, dont un pourtant eft douteux, & demande des effais préliminaires, & un autre eft difficile à mettre en pratique. Le premier moyen eft fondé fur ce, que la pefanteur fpécifique du gas inflammable eft moindre que celle de l'air commun. Or parcequ' entre deux fluides, combinés fans confufion dans un vaiffeau, le plus léger en occupe la partie fupérieure, & le plus pefant au contraire la partie inférieure, l'on peut préfumer, que le gas inflammable montant par un tuyau jusque au fommet du ballon, ou introduit par une ouverture dans ce fommet même, chaffera peu a peu l'air commun par l'ouverture inférieure, & remplira fucceffivement tout le ballon.

ballon. Le tuyau conducteur du gas fera retiré après l'opération, ou en entier par l'ouverture du fommet, ou par pièces par l'ouverture d'en bas. Je ne doute pas, que ce gas léger introduit dans le vaiffeau de cette manière n'en faffe fortir la plus grande partie de l'air commun, mais il n'eft pas fur, qu'il ne fe mêle pas avec une portion de cet air, ce qui le rendroit d'autant plus pefant, qu'il eft en état pur. Avant de fe fier à cette méthode, il faut la mettre à l'épreuve, en rempliffant de notre gas un petit ballon, qui puiffe en contenir environ 100 pieds cubes; en pefant enfuite le gas, l'on verra, fi fa pefanteur fpécifique eft augmentée ou non. Pour en être plus fur, & pour conformer la grandeur du ballon à la pefanteur fpécifique la plus jufte du gas inflammable, il fera très avantageux pour l'entrepreneur, d'en pefer un grand volume dans l'état le plus pur dans notre petit ballon, qu'on aura dabord rempli d'eau & où l'on introduira le gas par l'eau, comme à l'ordinaire. La forme la plus commode & la plus avantageufe de ce ballon eft la troifième, dont le volume $V = 10\,dddp : 48$ (§. 9.) Or faifant $V = 100$, nous aurons $d = 5,346$ pieds, & fa longueur fera $= 1\frac{1}{2}\,d$. Pour le remplir de gas pur, il faut employer 19 liv. de fer menu, & 38 liv. d'huile le vitriol, ce qui ne coutera pas tout

à fait

à fait 3 Ducats. Comme ce ballon peut bien ſoutenir encore la preſſion de 10 atmoſphères ſur la ſurface interne, ou de 130 liv. ſur chaque pouce quarré, l'on peut y introduire 1000 pieds cubes de notre gas comprimé par le moyen d'une pompe de compreſſion, de ſorte, qu'il pourroit en être le reſervoir en cas de beſoin.

§. 21.

L'autre moyen d'introduire le gas inflammable dans le ballon, ſans qu' il ſe puiſſe mcler avec de l'air commun, eſt bien le plus ſur, mais il eſt auſſi le moins commode. On fera une foſſe capable de recevoir tout le ballon, on y introduira de l'eau, & on y enfoncera le ballon, au ſommet du quel on aura pratiqué une ouverture, par la quelle l'air commun ſera chaſſé. On pourra auſſi enfoncer le ballon dans un étang, dans un lac d'une profondeur ſuffiſante, ou dans le mer même. Par la même ouverture l'on introduira le gas inflammable du petit ballon contenant le même gas 11 fois comprimé. Ainſi le grand ballon recevra dans chaque application du petit 1000 pieds cubes de gas. Il s'elevera peu à peu hors de l'eau, & ſi c'eſt le ballon ſphérique, il ſera rempli après 113 applications du petit ballon. On comprend, que tous deux doivent être pourvus

de

de robinets & de vis, que l'operateur doit
être placé fur un échafaudage fufpendu à la
vergue d'un mât, ou d'une grue, pour faire
l'application. Pour éviter cet embarras, l'on
peut conduire le gas par un canal flexible
ou par un fiphon renverfé dans l'ouverture
inferieure du ballon. Suivant cette méthode tout le ballon peut être rempli dans une
feule opération, s'il y a un appareil affez
grand prêt à fournir la quantité de gas néceffaire. En ce cas il ne faut point oublier de
bien amarrer le ballon, pour qu' il ne s'envole pas fans pilote.

§. 22.

La troifiéme méthode demande un diaphragme de taffetas ou de toile fine entre
le gas entrant & l'air commun fortant, pour
empêcher leur mélange. Ce diaphragme doit
avoir la même forme, que la moitié du ballon,
& quadrer bien avec fa furface intérieure. Sa
periphérie fera attachée ou agraffée à l'équateur du ballon. A fin, que l'air ne puiffe
pas paffer par fes pores, on le cire bien au
moyen d'un fer chaud. On l'enduit aprés
d'un vernis d'huile de lin, préparé avec de
l'alun calciné comme defficcatif, fans litharge
ou chaux de plomb. A l'aide de ce diaphragme
le gas peut être introduit dans le ballon ou
par l'ouverture inférieure ou par la fupéri-
C 3 eure.

eurs. Une corde attachée au centre du diaphragme fortant par l'ouverture du fommet, paffant fur une poulie & portant un poids convenable, met le diaphragme en équilibre, à fin qu' il puiffe s'élever ou s'abaiffer fans oppofer trop de réfiftance au gas, qui veut entrer. Dans le premier cas l'air commun fort par l'ouverture fupérieure, & dans le fecond, par l'inférieure. Cette méthode eft affez fure & affez commode, mais elle demande 5655 pieds quarrés de taffetas, qui coutent pour le moins 380 Ducats & pefent 180 à 200 livres. Elle empêche auffi de renforcer le ballon intérieurement par des traverfes, qui pourtant feroient très utiles, pour y fufpendre le bateau. On peut, pour fe debarraffer d'un left inutile, attacher le diaphragme à l'equateur du ballon de manière, qu' il foit poffible avec quelques effort de le retirer par l'ouverture d'en bas. Les deux premières méthodes au contraire n'empêchent point le renforcement interieur du ballon. C'eft à préfent à l'entrepreneur à juger, la quelle de ces trois méthodes convient le mieux à fa fituation.

§. 23.

Conftruction du ballon fphérique.

Puisque la confervation du vaiffeau aërien demande une remife, pour l'y loger

pen-

pendant qu'il ne fert pas, on commencera l'ouvrage par fon élévation en quarré. Son intérieur fera un peu plus grand, que le diamètre du ballon p. e. de 66 pieds. La hauteur des parois fera de 36 à 40 pieds, & celle du toit hémicylindrique de 33 pieds. Ce toit fera un petit chef d'oeuvre de l'architecte, comme n'ayant d'autre bafe ni d'autre renforcement, que les parois de la remife. Au lieu de chevrons droits il faut fubftituer des jantes doublées demicirculaires, & au lieu de tuiles il fera couvert d'aiffeaux, comme les moulins à vent d'Hollande. En cas de befoin on renforcera les parois en dehors par des contreforts. Le fommet du toit doit être en état de porter 7000 livres. Une des faces de cette remife fera ouverte & pourvue d'une grande, mais légère, porte brifée, pour y faire entrer & fortir le ballon fans trop d'embarras. Dans l'aire de cette remife l'on conftruira la carcaffe hemifphérique, ou le gabarit convexe du bois, pour y conformer chaque hemifphère. Un conftructeur de navire, ou un charpentier de moulins, feront les meilleurs architectes de cette carcaffe. Les courbes pour la former feront compofées de deux pieces de planches affemblées de la même façon, que l'on joint les jantes des roues des moulins à eau. L'intervalle de deux courbes fera partout de 4 pieds environ.

C 4

Un

Un enclume concave de fer coulé & émoulu par une contrecoupe fuivant la courbure du ballon fervira à donner au lames de fer blanc la concavité convenable. Une forme concave ou convexe de bois de 4 pieds en quarré fervira à joindre plufieurs lames de fer blanc par la foudure. Pendant ces préparations l'entrepreneur aura commandé dans les fabriques de fer blanc des lames auffi grandes & auffi égales en epaiffeur, qu'il fera poffible, pour diminuer le nombre des foudures. Leur pied quarré ne doit pefer, que 17 à 17$\frac{1}{2}$ demionces, à fin, qu'il n'en pefe pas plus de 18, étant foudé. Après que le ferblantier leur aura donné par le marteau la concavité convenable fur l'enclume, & qu'il aura foudé enfemble environ 16 pieds quarrés, on tranfportera cette efpèce de bouclier fur le gabarit, & à l'aide d'une regle courbe de bois de 48 pieds de long, mobile fur le pole de l'hemifphère, on tracera fur fes deux corés une ligne perpendiculaire à l'équateur, &, à l'intervalle de 3 lignes une parallèle. En haut & en bas du bouclier on tracera deux autres arcs de cercle parallèles au même intervalle. Le furabondant étant coupé le bouclier fera réduit à un fegment de la fphère, & les deux arcs fur fes corés marqueront la largeur de la foudure. Si l'on a tracé fur la petite forme fphérique plufieurs arcs, comme méridiens

de

de la fphère terreftre, & d'autres arcs comme
paralleles à l'équateur, chaque fimple lame &
tout le bouclier y peuvent deja recevoir la
forme convenable pour quadrer avec les lames & les boucliers voifins. Un cifeau re-
eourbé facilitera les découpures concaves. On
commencera la couverture par le bouclier
polaire rond, qui doit avoir 4 pieds de diamètre, & un goulet dans fon milieu, affez
large, pour y laiffer paffer le diaphragme.
On y joindra fucceffivement des zones parallèles jusqu' à ce, que tout l'hemifphère & une
zone de 3 lignes de plus foient complets, en
evitant toujours les foudures moins néceffaires. C'eft pourquoi la foudure ne doit pas
defcendre du pôle vers l'équateur en ligne
continue comme un méridien terreftre, mais
elle doit être interrompue par chaque nouvelle zone. Comme cet hemifphère doit
être renverfé fur des piliers & devenir la
partie inférieure, pendant qu'on lie les deux
hemifphères par la foudure, il faut le renforcer par un anneau de fer, qui puiffe lui fervir de bafe, & au quel on puiffe auffi fufpendre le bateau. Il faut pour cela river à l'anneau 4 ou 8 oreilles, & y fouder une vingtaine des petites équerres de fer, que l'on puiffe
oter, apres que l'on en aura fait ufage. Cet anneau
doit bien quadrer avec la zone de l'hemifphère, à la quelle on veut l'attacher, & fa furface

C 5

intérieure

rieure doit être bien étamée. Suivant mon estime l'on soudêra cet anneau sur la zone concentrique au pole, qui dans la situation verticale de l'axe passe par le centre de gravité de chaque segment de la croute hemisphérique, dont la section est un quart du grand cercle passant par les pôles. Ce centre de gravité est aussi le centre de la pression de bas en haut de la force élevante sur chaque segment. En cherchant le lieu de cette zone, on trouvera, qu'elle appartient à la corde $=$ $d : \sqrt{2}$; ou à la distance du pole, dont le sinus $= 1 : \sqrt{2} = 45°$. En fin on attachera le bord de l'hemisphère par une centaine de petits clous d'acier à la carcasse, qu' on hissera par un de ses cotés, pendant que l'autre coté reste sur le fond. Puis on attachera les deux bras d'une autre corde a la partie inferieure de la carcasse, on la hissera peu à peu, jusqu' à ce qu'elle soit totalement renversée, on l'abaissera presque jusqu' à terre; & l'on mettra des piliers, dont chacun peut porter 400 livres, sous les équerres. Ces piliers auront pour basé un anneau de bois, composé de jantes doublées, assez solide, pour être en état de servir comme de traineau à l'hemisphère. Ayant retiré les clous du bord & hissé un peu la carcasse seule, on observera, si les vingt équerres suffisent pour supporter l'hemisphère, ou non. Dans le dernier cas on arrangera un plus grand nombre de supports. En fin, l'hemisphère

fphère étant bien étayé, on foudera dans la
face interne du bord une vingtaine de petites équerres de fer blanc, en laiſſant libre
une zone de 3 lignes de large, pour recevoir l'autre hemiſphère. Puis on verniſſera ſa ſurface interieure avec le vernis des
graveurs à l'eau forte, réſiſtant à l'action des
acides, excepté la dite zone du bord. On
verniſſera auſſi la ſurface extérieure avec un
vernis reſiſtant à l'action de l'air commun &
de la pluye. En fin on le tirera à l'aide de
ſa baſe hors de la remiſe, pour faire place
à la conſtruction de l'autre hemiſphère. Celui
ci étant fini, & pourvu dans ſon pôle d'un
goulet de 6 pouces de diamètre & de deux
crochets ou oreilles ſolides à coté de ce goulet, on foudera, pour le ſuſpendre pendant
qu'on le joindra à l'autre hemiſphère, en vi-
ron 20 crochets à la zone eloignée du pole
de 30 degrés, & environ 50 à la zone, qui
en eſt eloignée de 60 degrés. Ainſi chaque
crochet ne portera pas plus de 100 livres
environ. Je laiſſe à l'entrepreneur à juger,
ce qui ſera le plus ſimple, ou de poſter un
homme à chaque corde attachée au crochet,
pour la tirer dans une direction verticale
autour d'une petite poulie ſuſpendue au toit,
ou d'attacher toutes les cordes verticales à
un anneau de bois aſſez ſolide, pour porter
7000 livres, & de hiſſer l'hemiſphére moyennant

yennant cet anneau. L'hemisphère êtant vernissé dans sa cavité, comme le precedent, &
elevé à la hauteur de 31 ou 32 pieds, l'hemisphère inferieur sera trainé sous le supérieur, & en baissant celui ci sur l'autre jusqu'
à ce, qu'il touche les petites equerres dans
l'interieur du bord, on les soudera l'un à l'
autre. Mais si l'entrepreneur a resolu d'introduire l'air inflammable à l'aide d'un diaphragme, il faut, avant de joindre les hemisphè-
res, affermir le diaphragme au bord du supérieur moyennant un anneau de fer blanc,
ou l'y coller seulement avec de la poix, si
l'on veut le retirer après. On éprouvera en
suite, si les crochets de l'hemisphère supérieur suffisent pour suspendre toute la sphère
& la hisser plus haut. Si l'on ne les trouve
pas suffisants, il faudra préparer un filet d'am-
ples mailles, ou se servir d'une grande voile,
pour y suspendre la sphère, à fin d'être en
état de la manier à volonté. Pour éviter cet
embarras, on pourra essayer de hausser la
sphère, en haussant la base des piliers, & en
tirant ensemble les cordes de l'hemisphère
supérieur. A fin de rendre les opérations
suivantes commodes, on élévera la sphère à
la hauteur de $5\frac{1}{2}$ à 6 pieds. Après l'avoir
étayée solidement, & avoir bouché le goulet
supérieur, on appliquera un soufflet au goulet inférieur, pour comprimer l'air intérieur,

à fin

à fin d'examiner, ſi toutes les jointures ſont bien fermées. En ajuſtant une ſoupape au goulet inférieur pour empêcher l'air comprimé de s'echaper, & en appliquant un petit manomètre (un tuyau de verre avec une goutte de mercure) à la ſphère, on verra ſans peine, ſi elle retient l'air comprimé ou non. Sur tout il faut prendre garde, que les jointures ne ſoient bouchées ça & la avec la colophone ſeulement, au lieu d'être exactement ſoudées, car la colophone ne peut retenir pour toujours le gas inflammable. Pour en prévenir la perte, on touchera tous les jointures ſuſpectes avec de l'huile d'olive chaude, qui., amolliſſant & diſſolvant la colophone, donnera iſſue à l'air comprimé. Il ſera encore plus ſur, de diſſoudre la colophone dans l'huile d'ongles, (peut être, que l'huile d'olive pure y convient auſſi) & d'en toucher les jointures, pour faciliter la ſoudure. Car cette ſolution ſera pouſſé dehors par l'air comprimé dans tous les endroits, où la ſoudure manque. Pour mieux remarquer ces fautes, on touchera les jointures ſuſpectes avec de l'eau ſavonnée, l'enflure de cette eau trahira tous les lieux ouverts. Enfin l'entrepreneur étant aſſuré, qu' il n'y a plus d'iſſue pour l'air inflammable, pourra procéder à l'opération la plus difficile, celle de remplir le ballon avec de l'air inflammable.

§. 24.

§. 24.

Construction du vaiſſeau conocylindrique.

Si l'entrepreneur cherche plutôt à faciliter la conſtruction du ballon & à lui faire trouver dans l'air moins de réſiſtance à ſon mouvement, qu'a éviter quelques dépenſes, il peut choiſir la troiſième forme, qui après la celle du ballon ſphérique demande le moins de volume & le moins de ſurface. La longueur de cette forme étant à peu près de 86 pieds, il examinera, s'il lui convient mieux de faire les deux moitiés de la croute ſuivant une ſection par l'axe du corps, ou de conſtruire le cylindre & chaque cône à part, & de les joindre en ſuite. Dans le premier cas la remiſe doit être d'environ 94 pieds de long. Dans le ſecond il faut avoir à ſon ſervice ou une remiſe haute de 94 pieds, ou une grue de la même hauteur, ou être à même de ſe ſervir d'une haute tour, pour y diſpoſer l'appareil néceſſaire pour hauſſer les cônes & les joindre au cylindre. Outre cela cette méthode demanderoit deux carcaſſes, pour y conformer un cylindre & un cone entier, l'autre méthode au contraire ne demande, que deux gabarits, l'un hemicylindrique & l'autre hemiconique, & mérite à mon

avis

avis la préférence. L'application des grandes plaques de lames de fer blanc fur le gabarit ne fouffrira aucune difficulté. Un quart de cercle, dont le rayon egale $d : \sqrt{2} = 40,43$ pieds, décrit fur une grande planche de bois, donnera le modèle pour y conformer les fegments de la croute conique. Un fegment de lames, dont l'angle égale un quart de cercle & $34\frac{1}{2}°$, fuffirat pour couvrir la carcaffe hémiconique. Quant au refte on fera la même manoeuvre, décrite dans la compofition du ballon fphérique, pour compofer les deux moitiés du corps conocylindrique. Une eftimation de la rigidité de chaque partie de la croute déterminera la place & le nombre des crochets & des fupports. Si l'on trouve néceffaire de renforcer ça & la les deux parties par des traverfes de bois, pour les mieux manoeuvrer, on pourra les retirer apres la compofition par une petite porte, pratiquée dans la partie cylindrique. Au lieu de l'anneau de fer, foudé fur la partie inférieure du ballon fphérique, on foudera fur l'équateur de la partie inferieure du cylindre une bande de fer large de deux pouces, & pourvue de deux crochets ou anneaux folides, deftinés à porter le bateau. Comme la force élévante de l'air exterieur pouffe en haut les deux parties de notre ballon au deux cotés de l'équateur, cette force cherchera à rendre con-

cave

cave la partie superieure du cylindre & à la faire rentrer. Or il sera peut être nécessaire de renforcer le sommet du cylindre en y soudant une bande de fer suivant la direction de son axe. En essayant avec circomspection de hisser ce ballon par le moyen de trois cordes, dont l'une sera attachée à l'équateur & les deux autres au centre de gravité de chaque partie latérale, & qui tireront la première avec une force de 3325 & les deux dernières avec une force de 2325 liv. l'entrepreneur s'instruira sur les précautions à prendre pourque la suspension du bateau ne puisse pas endommager le ballon.

§. 25.

Production de l'air inflammable.

Je me suis etonné, que quelques auteurs ayent été assez peu instruits sur les inventions de leurs compatriotes, pour attribuer celle du gas inflammable les uns au Docteur *Priestley*, les autres à Mr. *Cavendish*, tandis qu' elle apartient au celebre chymiste françois, Lemery, qui a décrit la méthode de le produire & sa qualité fulminante dans les mémoires de l'Académie des sciences de Paris de 1700. Le célèbre Baron de Wolff à montré sa qualité fulminante dans ses leçons de physique depuis 1722, & je l'ai

montré moi même dans mes leçons expérimentales depuis 1746. Mais Msr. *Cavendish* a trouvé le premier en 1776 sa pesanteur spécifique beaucoup moindre, que celle de l'air commun. C'est par les relations du célébre *Franklin* & celles de *Volta*, que l'on est sur, que les bulles d'air, qui sortent de la vaze des eaux stagnantes, sont du gas inflammable, mais la pésanteur spécifique de cette espèce est encore inconnue. Mr. *Scheele* a obtenu le même gas d'un melange de zinc ou de charbon avec le kali caustique fixe, comme aussi du zinc, digeré avec l'esprit du sel ammoniac, ou alcali fluor, & exposé au feu. Mr. *Priestley* a extrait ce gas moyennant un verre caustique de la seule limaille de fer & de zinc. Il l'a aussi extrait du bois, des parties animales, des charbons fossiles, & des huiles. La quantité qu'on en tire du bois par l'action du feu est d'autant plus grande, que cette action est plus brusque. Douze grains de bois de chêne sec ont donné par un feu prompt environ $\frac{1}{27}$ de pied cube mais à peine en a-t-on extrait $\frac{1}{288}$ du pied cube par un feu lent. Trois onces de ce bois, exposé à un feu brusque, en donneroient par conséquent un peu plus de 4 pieds cubes. Quelqu' uns de ceux, qui s'occupent de la navigation aërienne, se sont persuadés, que l'on peut produire suivant cette méthode

D

une

une grande quantité du gas inflammable pour un prix tres modique. Mais il faut obferver, que cette efpèce de gas n'eft pas pure, mais qu'elle eft une compofition des parties falines volatiles & huileufes, de l'air fixe, de l'air inflammable, & probablement auffi de l'air commun. Ce mélange eft fuivant l'effai de Mr. *Achard* auffi pefant, que l'air commun. Or pour profiter de cette méthode il faut auparavant trouver le moyen, d'appliquer un feu auffi brusque à une grande quantité de bois de chêne, que à une petite portion de 12 grains, & de féparer en fuite du gas inflammable toutes les parties étrangères. Le lait de chaux vive peut bien abforber l'air fixe & les parties falines & huileufes, mais il feroit plus difficile d'en feparer l'air commun, s'il s'en trouvoit dans la mélange, à moins que l'experience n'eut demontré, qu' à caufe de fa moindre pefanteur fpecifique le gas inflammble en repos furnage l'air commun, comme l'huile fur l'eau. Le gas inflammable, degagé de l'efprit de vin par l'acide vitriolique, ou de la naphthe vitriolique, ne peut fervir à nôtre deffein, parcequ' il fe laiffe abforber par l'eau, & qu' on ne le peut féparer de l'air commun. Les travaux admirables du célébre *Lavoifier* nous font efpérer enfin de trouver une méthode très fimple & peu couteufe, de changer l'eau même en

air

air inflammable & en air dephlogiſtiqué, &
de ſéparer le dernier du premier. Jusqu'a
ce, que cette découverte ſoit faite, nous ne
connoiſſons d'autre méthode convenable à
nôtre deſſein, que d'extraire l'air inflammable du fer ou du zinc, diſſous dans l'acide
vitriolique ou dans l'acide du ſel marin.
J'ai déja averti dans le §. 15, qu'il ſeroit
important de vérifier par de nouveaux eſſais
en grand l'obſervation de Mr. *Achard*, ſçavoir,
que la peſanteur ſpécifique du gas inflammable, extrait du zinc par l'acide marin, eſt
deux fois moindre, que la peſanteur de celui,
qui en eſt degagé par l'acide vitriolique.
Cette obſervation mérite d'autant plus l'attention de l'entrepreneur, que les eſſais du célébre *Pilatre de Rozier* prouvent à peu près
la même choſe. Suivant les expériences de
ce Phyſicien la peſanteur ſpécifique de l'air
inflammable, extrait du fer, diſſous dans l'acide
vitriolique, eſt à celle de l'air commun,
comme 7 à 43; & la peſanteur de celui, qui
eſt degagé du zinc diſſous dans l'acide de ſel
marin comme 5 à 53, le poids du pied cube
de l'air commun étant ſuppoſé de $2\frac{1}{2}$ demionces. (Voyez §. 14). Or la dernière eſpece
peſe à peu près $\frac{4}{7}$ de la première eſpèce ſous
même volume. Six onces d'huile de vitriol
diſſolvant 4 onces de fer ont donné un pied
cube de gas; & 6 onces de zinc, diſſous

D 2 dans

dans 6 onces de l'acide du fel marin concentré en ont donné autant. Le pied cube de la première efpèce coutoit 6 fous, 3 deniers; celui de la feconde 13 fous, 6 deniers. Suivant le prix de la premiere efpèce le gas néceffaire, pour remplir notre ballon fphérique, couteroit 35343 livres. Il eft connu par la mèthode, que fuit Mr. le Profeffeur *Charles* pour remplir fon ballon de 26 pieds, qu' un tonneau de bois de chêne bien ferré & faturé d'eau eft un refervoir convenable, pour diffoudre le fer dans l'huile de vitriol, delayée avec 3 parties d'eau. Le volume de toute la maffe de fer, d'huile, & d'eau fera de 2193 pieds cubes. Or fi l'entrepreneur avoit l'intention de mettre toute la maffe à la fois dans les tonneaux, il auroit befoin de 548 pieces d'environ 8 pieds cubes, puisque chacune ne doit recevoir, que 4 pieds cubes de la maffe à diffoudre. Il fera plus fimple & plus convenable, d'executer cette opération avec un moindre nombre de tonneaux, en ne faifant la diffolution à la fois, que dans la moitié de ceux, qu'on aura. Lorsqu'elle fera à peu près faite dans une moitié, on la commencera dans l'autre. Alors les premiers tonneaux feront vuidés pour recevoir une nouvelle portion de la matière à diffoudre, & ainfi de fuite. Chaque deffus de tonneau fera pourvu d'un bondon & d'un tuyau de

fer

fer blanc, enduit dans fon intérieur avec le vernis des graveurs à l'eau forte. Tous les tuyaux aboutiront à un feul, qui conduira le gas au ballon. Pour obtenir la grande quantité de fer menu néceffaire à l'operation à moins de frais, je confeille d'arranger un grand anneau denté d'acier dans un moulin, & d'y appliquer avec force des barres de fer mou. L'anneau denté tourné rapidement reduira en peu de tems les barres en copeaux plus convenables à la diffolution, que la limaille de fer. On peut auffi effayer, fi le fer fondu en grenailles ne donne une auffi grande ou même une plus grande quantité de notre gas, que le fer battu, parceque celui ci a perdu une partie de fon phlogiftique par fa fréquente expofition au feu. L'ordre, dans le quel on mettra les matières à diffoudre dans les tonneaux, n'eft point indifferent. En verfant l'huile de vitriol fur le fer délayé avec de l'eau, la diffolution commence auffitôt avec une telle vehemence, qu'une grande partie du gas s'envole, avant que l'ouverture puiffe être bouchée. Or je penfe, qu'il fera mieux, de verfer l'acide fur l'eau dans le tonneau, & y mettre enfuite le fer menu, empaqueté, fi l'on veut, en cartouches. Vers la fin de la diffolution il fera avantageux d'ouvrir le bondon & d'agiter la matière avec un bâton; elle fournira par ce moyen une nouvelle

por-

portion de gas. Puisque la chaleur excitée par la véhemence de la diffolution fe communique aux conduits de fer blanc, il faut les toucher de tems en tems avec de l'eau froide. Avant d'introduire le gas dans le ballon, il faut le priver de fon humidité & de fon acide abondant fouffreux, qui le rend corrofif & d'autant plus pefant, qu'il eft dans fon état pur. On mettra pour cela fous le ballon une grande cuve rempli d'eau, dans la quelle on enfoncera fon goulet, pourvu d'un large entonnoir. Le tuyau conduifant le gas fera introduit dans la cuve près du fond, ou on l'y fera defcendre par le bord. Son bout fera divifé en plufieurs branches & ouvertures, pour diftribuer le courant du gas par plufieurs colonnes d'eau. Une petite roue ailée, dont l'effieu defcendra en diagonale dans la cuve étant tournée dans le courant du gas, avancera beaucoup fa purification, en le diftribuant dans l'eau. Comme cette eau fera en peu de tems impregnée d'acide, il fera néceffaire, de la renouveller de tems en tems, & de pourvoir la cuve d'un conduit, par le quel elle puiffe s'ecouler. On voit par ce, que je viens de dire, que fi l'on employoit un trop grand nombre des tonneaux à la fois, le gas pafferoit avec tant de véhémence & de rapidité par l'eau, qu'il n'auroit pas le tems d'y dépofer fon acide.

En

En suivant cette méthode on remplira sans doute le ballon avec l'air inflammable le plus pur & le plus léger, que le fer & l'acide vitriolique puissent fournir. En fin, le diaphragme étant poussé par le gas au haut du ballon, & touchant l'hemisphère supérieur dans toute sa surface interne, (ce que l'on observera par quelques trous pratiqués dans la croute) & le gas superflu sortant du goulet inferieur, on bouchera ce goulet avec son couvercle de façon, que le gas ne puisse point y passer. Ensuite on bouchera les trous lateraux par de soudure, on fera une petite ouverture dans le diaphragme, on otera en même tems la corde suspensoire, & on bouchera de même le goulet superieur. Le diaphragme s'abaissera ainsi peu à peu au fond du ballon, en laissant passer par l'ouverture dans son milieu le gas inflammable, qui le soutenoit auparavant. La descente étant finie, on enfoncera un peu le goulet inferieur dans l'eau, on ôtera son couvercle, on amollira la poix, soutenant le diaphragme, par la chaleur appliquée exterieurement, on le tirera enfin dehors avec precaution, de ne le rompre en pieces. Dans cette opération il faut avoir attention, que l'eau puisse entrer dans le ballon, pour occuper le vuide, que le diaphragme laisseroit en sortant. Cette eau sera chassé du ballon à son tour par une nouvelle por-

tion

tion du gas inflammable, qu'on y introduira.
Le ballon étant enfin rempli tout entier avec
du gas inflammable, il fera tems de boucher
pour tousjours le goulet inferieur avec fon
couvercle, qu'on aura foin d'y fouder. Ce
couvercle fera pourvu dans fon milieu d'un
robinet bien ajufté, qui fervira dans la fuite
à mettre de tems en tems l'élafticité de l'air
intérieur à peu près en équilibre avec l'élafticité de l'air extérieur. A prefent on pourra
connoître l'excedant de la force élevante, en
fufpendant au ballon une caiffe, dans la quelle
ou mettra autant de poids, qu'il pourra en
élever de la terre.

§. 26.

Vaiſſeau aërien de taffetas plus du-
rable, que ceux, que l'on a
fait jusqu'ici.

On trouve dans les livres de mathé-
matique la méthode de faire les fegments
propres, à compofer une croute fphérique d'
un diamètre donné, je ne la repeterai point
ici. Ces fegments ne doivent pas atteindre
les poles de la fphère, mais feulement le
70 ieme degré de l'equateur. Un rond de
taffetas fera le fupplement. Suivant mon con-
feil on joindra les fegments avec de la colle

de

de poisson fine. Puis on fera la couture à l'ordinaire. On touchera la couture en dedans & en dehors avec un vernis de mastic dissous dans l'esprit de vin, à fin, que le vernis d'huile ne puisse dissoudre la colle. En fin on vernissera ses deux surfaces avec un vernis de copal ou de succin. Suivant les essais faits ici, un ballon de taffetas, ciré & vernissé avec un vernis d'huile pure cuit avec de l'alun calciné, a flotté dans l'air pendant trois jours entiérs. L'équateur du ballon sera bien lié avec un anneau de bois courbé au feu. Cet anneau servira pour suspendre le bateau des voyageurs. Ainsi je ne crois pas, qu'on ait besoin d'entourer l'hémisphère supérieur d'un filet, pour supporter le bateau avec plus de sûreté. Ce filet poussant en bas l'hémisphère supérieur par le poids du bateau, & l'air extérieur poussant l'hémisphère inférieur en haut, cette double pression doit forcer le gas inflammable à chercher une issue & à s'echaper par les pores du taffetas. En essayant la cohésion ou fermeté d'un pouce quarré de taffetas, on connoîtra sans peine, si toute la zone de l'équateur du ballon sera capable de porter le bateau, ou non. Cherchons à présent le diamètre du ballon, qui rempli de gas, est d'égale pesanteur spécifique avec l'air commun en été dans la hauteur de 400 pieds. Soit $m = 3$ demionces, &

D 5

$a = 2$,

$a = 2,615$ d. o. (§. 16.) nous aurons $d =$
$6 m : e = 6 \bowtie 3 : 2,0856 = 8,631$ pieds.
A préfent il faut augmenter ce diamètre,
jusqu' à ce, qu' il puiſſe élèver avec lui le
bateau avec les voyageurs. Comptons cet
appendice de 500 ℔ $=$ 16000 demionces,
nous aurons $3 \, ddp + 16000 = 2,0856$
$dddp : 6$, & $d = 27,72$ pieds pour le diamètre du ballon ſphérique ou conocylindrique
hexagone régulier, qui rempli de nôtre gas,
ſera capable d'élever avec lui un poids de
500 livres. En choiſiſſant la forme conocylindrique au lieu de la ſphêrique, l'on aura
deux avantages. L'un, d'une conſtruction plus
facile, l'autre, de pouvoir affermir l'anneau
de bois au bord inférieur de la partie cylindrique, ou ſuſpendre le bateau à deux traver-
ſes, arrangées dans le fond de la même partie. Il ne ſeroit pas mal d' éprouver, quel
degré d'élaſticité de l'air interieur le ballon
peut ſoutenir ſans ſe rompre. Un petit ballon
ſuffira pour cette épreuve. Ayant connu ce
degré, on arrangera une ſouspape élaſtique
au goulet du ballon, qui laiſſe échapper une
partie du gas trop élaſtique menaçant la rupture du ballon. Il ne ſera pas neceſſaire auſſi
de le remplir tout entier avec le gas. La
hauteur, à la quelle l'on veut s'élever avec
le ballon, étant donnée, on aura $B : b = V : v$,
ou v marque le volume de l'air inflammable

à inà introduire, & V le volume du ballon. Ainſi l'on n'aura pas beſoin de laiſſer echapper du gas pour prévenir la rupture du ballon, en s'elevant à la hauteur donnée. Pour deſcendre on ſe ſervira de moyens décrits dans la ſuite. En ayant dans le bateau un leſt, qui mette le ballon en équilibre avec l'air le plus voiſin de la terre, l'on ſera en état de monter & de deſcendre ſans beaucoup de travail à l'aide de la machine deſtinée à mettre le navire en mouvement. Car le ballon, qui s'enfle peu à peu en montant, ſera dans tout ſon cours en équilibre avec l'air, qui l'environne, jusqu' au point, ou il ſera tout à fait enflé. Pour conſerver le gas de ce ballon pendant le tems, ou l'on ne s'en ſert pas, on conſtruira un conocylindre de lames de fer blanc ou de cuivre, dont le volume ſoit $\frac{1}{10}$ du volume du ballon. Une pompe à feu ſera ajuſtée tellement, que l'on puiſſe par ſon méchaniſme pomper l'air du ballon & le preſſer dans le conocylindre pourvu d'un robinet bien ſerré. Or en comprimant le gas du ballon dans un eſpace dix fois moindre, qu'il n'eſt dans le ballon, le reſervoir conocylindrique recevra & retiendra tout le gas, jusqu' à ce, qu' il nous plaiſe d'en remplir le ballon de nouveau pour un autre voyage. Pour exclurre tout concours de l'air commun, le reſervoir ſera enfoncé dans l'eau, qui en ſera

chaſſée

chaſſée par le gas entrant. La derniere portion du gas non comprimé peut être forcé auſſi par l'eau de rentrer dans le ballon. Suivant cette méthode on ne perdra de tems en tems, que la portion du gas, qui s'echappe par les pores du taffetas dans les jours de ſervice. Cette perte journaliere peut être eſtimé de 386 pieds cubes, dont la reſtitution coutera 122 livres, ou 30 rigsdaler. Le ballon même coutera 2937 livres, & le gas pour le remplir, 3485 livres; ſomme 6422 livres. La ſurface de ce ballon eſt de 2414 pieds quarrés & ſon volume de 11153 pieds cubes.

§. 27.

Conſervation du vaiſſeau aërien de fer blanc.

Comme la preſſion de l'air atmoſphèrique ſur le ballon mont-en l'air eſt changée de tems en tems par le changement de ſa peſanteur, marqué par la hauteur du baromètre, & la preſſion de l'air interieur par la variation de ſa temperature, il faut toujours avoir attention, que la preſſion de l'air exterieur ne ſoit plus grande, que celle de l'air dans le ballon, autrement une partie de la croute de fer blanc ſera enfoncée. Quoique

ce changement de la figure, ne feroit pas fa
ruine, il vaudra mieux cependant de le pre-
venir, en y introduifant de tems en tems la
portion du gas requife pour foutenir l'équilibre. Le premier changement eft environ $\frac{1}{15}$
de la preffion moyenne, mais la preffion contraire de l'air interieur peut decroitre de l'été
à l'hyvèr de $\frac{1}{6}$ de la preffion moyenne. Un
manomètre adapté au goulet du ballon, fera
connoitre la difference de la preffion interieure. Ce manomètre fera un tuyau de
verre recourbé en fiphon à bras paralleles,
9 pouces de haut, rempli avec une colonne
de mercure de 8 pouces de long. Un de
fes bras ouverts eft viffé au robinet du goulet inferieur, pendant que l'on ne fe fert pas
du ballon. Le robinet étant ouvert, le mercure reftera à même hauteur dans les deux
bras, fi les deux preffions font égales. Mais
fi la preffion de l'air exterieur eft la plus forte,
le mercure fera elevé dans le bras appliqué
au robinet. Au cas oppofé il montera dans
l'autre bras. Comme tout le changement de
la preffion de l'air ne furmonte jamais $\frac{1}{5}$ de
la moyenne, la hauteur du mercure dans
ce manometre ne furpaffera jamais $29 : 5$
$= 5\frac{4}{5}$ pouces. Parceque le ballon de fer blanc
peut mieux refifter à la preffion interieure,
que à l'exterieure, je confeille d'introduire le
gas dans le ballon dans la temperature de $+$
$10°$

10°, pour fervir pendant l'été; dans la temperature de 0°, pour fervir dans l'automne, dans celle de — 5° pour le fervice dans le printems & enfin dans la temperature de — 10° à 13°, pour le conferver pendant l'hiver. Si dans le tems de cette operation le baromètre n'eft pas à fa plus grande hauteur, on introduira du gas dans le ballon jusqu' à ce, que le mercure dans le manomètre fera elevé par fa preffion dans le bras ouvert à la hauteur proportionelle à celle, qui manque à la plus grande hauteur du baromètre. Ayant du gas inflammable en état comprimé dans le refervoir, on en peut introduire en tout tems la portion convenable dans le ballon, fans attendre une certaine temperature. Vers le printems & l'été on recevra le gas abondant du ballon dans un fac de toile ferré & verniffé. La machine de compreffion (§. 26.) en pompera le gas, & le forcera dans le refervoir, pour fervir une autre fois. Ainfi l'on n'aura jamais à craindre, que le ballon foit endommagé par la preffion augmentée de l'air exterieur.

§. 28.

Pour connoître le degré de la preffion interieure, que le ballon peut foutenir fans crever, on cherchera la force de la coherence du metal dans le grand cercle du ballon

lon, & la hauteur d'une colonne de mercure, dont la bafe eft egale à l'aire du grand cercle, & dont le poids egale la coherence trouvée. Dans nôtre cas, ou le metal eft de fer blanc, il eft connu par les effais du cel. *Muffchenbroek*, que le pouce quarré de fer battu, mefure de Paris, peut foutenir 72100 livres, avant que de rompre. L'epaiffeur des lames de fer blanc egale $\frac{1}{6}$ de ligne, ou $\frac{1}{72}$ de pouce. Or nous aurons la coherence du metal $= c =$ 72100. $d''. p : 72 = $ 72100. 720. $3\frac{1}{7} : 72 = $ 2265000 livres, & la hauteur de la colonne de mercure $h = 9,96$ pouces. En fuppofant l'epaiffeur du fer blanc un peu moindre, à caufe de l'etamure, fçavoir de $\frac{1}{84}$ de pouce, on aura $h = 8,53$ pouces. Comme la variation de la preffion interieure vers la croute ne furpaffe jamais 6 pouces de mercure dans le manomètre, nôtre ballon de fer blanc fera toujours fuffifant pour foutenir l'augmentation de la preffion interieure du gas, due à l'augmentation de la chaleur & à la diminution de la preffion exterieure. Suivant le même calcul on peut trouver auffi bien l'epaiffeur du fer blanc, que le diametre du refervoir conocylindrique, capable de foutenir la preffion du gas 10 à 11 fois comprimé.

§. 29

§. 29.

Bateau, pour recevoir les voyageurs.

Il fera affez indifferent de donner au bateau ou la forme fimple d'une caiffe, ou la forme d'une jolie gondole. Son bois doit pourtant être un peu plus fort, que le bois d'une legere chaloupe, qui eft foutenu par la pref-fion de l'eau deplacée. Soit fa longueur de 8 pieds, fa largeur de 4 p. & fa profondeur de $2\frac{1}{2}$ à 3 pieds. Sa pefanteur fera environ de 200 livres. Pour plus de fureté à l'egard des voyageurs fon bord fera entouré d'un filet haut d'un pied. La peripherie interieure de fon bord fera pourvue de bancs à caiffe, 16 pouces de haut & 12 pouces de large, de plan-ches d'un demi pouce d'epaiffeur. Ces bancs peferont 36 livres, & les caiffes ferviront pour y garder les provifions. L'étambord fera pour-vu d'un gouvernail, qui defcendra au moins de deux pieds fous le bateau. Ce gouvernail fera un chaffis de verges de cuivre ou de bois, revetu de 10 à 12 pieds quarrés de toile ver-niffée. Car il ne faut pas f'imaginer, que nô-tre grand ballon obeiffe auffi facilement à un petit gouvernail, que lui obeiroit le bateau feul, furtout dans le mouvement affez lent, que peuvent donner les rames au vaiffeau. Les gonds du gouvernail feront $2\frac{1}{8}$ pieds de long, à fin, que ils ne puiffent fortir hors de leur anneau

en cas

en cas, que le bateau defcende à terre, & le gouvernail foit pouffé en haut. Au lieu de ferrures on fe fervira de cuivre, pour ne pas troubler la direction de la bouffole dans un fi petit bateau. En fin on attachera le bateau aux crochets du ballon par des cordes fines mais fuffifantes. Peut être, trouvera -t-on dans la fuite, qu'il vaille mieux fufpendre le bateau au ballon de la maniere, que la boite de la bouffole eft fufpendue dans fa cage. Car, le ballon étant affez grand, il pourra recevoir quelque fois une autre direction par le vent en haut, que le bateau dans une region plus baffe. Dans ce cas le bateau pourra être trop incliné par les cordes, & mettre les voyageurs dans le peril d'en être precipité à terre.

§. 30.

Moyens de mettre le vaiffeau aërien en mouvement.

Quoique quelques amateurs & entrepeneurs de la navigation aërienne fe foient imaginés, que l'on n'avoit befoin, que de voiles, pour mettre le vaiffeau äerien en route á l'aide du vent, cette efperance fera pourtant toujours vaine. Car le ballon, en tant qu'il nage librement dans l'air, flottera avec chaque courant de ce fluide, comme un morceau de bois jetté dans la riviere. Or fes voiles ne recevront

E.

pas

pas la moindre impulſion par le vent, parceque le navire ira avec la même viteſſe & dans
la même direɛtion, que le vent même.   Mais
desque l'on prive le ballon de ſa liberté, en le
retardant par quelque artifice dans le courant
de l'air, ſes voiles ſeront enflés par le vent,
dont la velocité apparente ſera egale à la difference de la viteſſe du vent & du vaiſſeau dans
la même direɛtion, & le vaiſſeau ſuivra la diagonale d'un parallelogramme, dont la force di-
reɛte du vent ſur le vaiſſeau & ſa force oblique
ſur les voiles ſont les cotés.   Or les voiles
doivent avoir une grande ſurface, ſi l'on veut
avancer ſenſiblement par leur aɛlion à travers
de la route du vent.   Le vaiſſeau êtant à l'ancre ſur la terre moyennant un long cable, pourra
faire route dans un ſegment du cercle de coté
& d'autre, en traverſant le vent.   Mais il faut
bien prendre garde de ne pas attacher le cable
dans cette operation au bateau, autrement celuici
ſera trop incliné, & les voyageurs ſeroient mena-
cés du ſort d'Icarus, mais il faut l'attacher au
centre de gravité de la ſurface expoſée au vent.
Au lieu de mât on ſe ſervira d'un étai tendu
entre le ballon & le bateau, pour y attacher
la voile.   Mais cette navigation à voiles ne ſera
utile, que pour faire un petit tour de plaiſir
dans l'air, ſans ſ'eloigner beaucoup du lieu du
depart.   Au lieu d'ancre l'on peut attacher le
cable à un chariot mené par un cheval, & aller

à la

à la bouline. Auffi pourra-t-on pendant le calme fe fervir de chevaux pour voyager dans l'air à volonté. On echappera ainfi pendant l'été à la pouffiere des chemins & à la chaleur etouffante proche de la terre, & l'on n'eprouvera pas non plus le cahotage de la voiture. J'ai inventé encore deux autres moyens pour retarder le vaiffeau dans le courant de l'air, à fin que de faire avancer le vaiffeau par les voiles à graffe bouline. Le premier n'aura lieu, qn'en cas, que le vent proche de la terre foit plus lent, que le vent en haut de l'atmofphere, ce qui arrive affez fouvent. Dans cet état du courant on defcendra du bateau une grande voile leftée & tendue par fes vergues moyennant deux cordes attachées à la proue & à la poupe du bateau. Cette voile, trouvant refiftance dans l'air inferieur, retardera le vaiffeau dans le courant fuperieur, & donnera prife au vent fur fes voiles, pour naviguer un peu à la bouline. Mais je ne fais pas grand cas de cette invention, prévoyant, que l'avancement à la bouline par ce moyen fera peu de chofe. L'autre moyen de retarder le vaiffeau aërien dans le courant de l'air fera pratiqué en faifant trainer fur la terre un long & vieux cable, une chaine pefante, ou une boule de fer, qui par leur friction fur la terre empecheront le ballon attaché de recevoir toute la viteffe du vent, & donneront prife au vent fur

les

les voiles. Mais l'experience avec le ballon
mont-en l'air de Mr. de *Montgolfier* nous a
deja inſtruit ſur le peril, au quel on expoſe le
ballon en l'arretant dans le courant de l'air.
Auſſi n'ai-je expoſé ces moyens, que pour
montrer, que ce n'eſt pas tout à fait impoſſible
de naviguer à voiles dans le vaiſſeau äerien,
quoique l'on n'en puiſſe eſperer aucun avantage reel. Je ne ſcais, que dire de ces ma-
chiniſtes, qui ſ'imaginent de mettre le balloń
en mouvement en laiſſant echaper un courant
de gas de la partie de derriere du ballon. Il
eſt trop certain, que le ballon avancera auſſi
peu par le moyen de ce courant, que la chaloupe d'un certain faiſeur de projets, ſ'imagi-
nant lui faire parcourir une mille geographique en chaque minute de tems à l'aide du courant igné ſortant des fuſées, attachées à la
poupe. D'autres ont eu l'idée de diriger le
vaiſſeau äerien à volonté par une grande ſurface plane, obliquement oppoſée à l'air à de-
placer dans l'aſcenſion du ballon. Or par la force
compoſée de l'air contre la ſurface oblique &
de la force elevante, le ballon montera dans
la diagonale du parallelogramme, dont les cotés
repreſentent ces deux forces. Même dans
l'air calme ce mouvement diagonal ne ſçauroit
produire aucun avancement conſiderable, &
dans un courant d'air ce petit avancement ne
pourra entrer en comparaiſon avec la viteſſe

du

du vent, emportant avec lui le vaiſſeau. Le
ſeul expedient, qui nous reſte, c'eſt donc de
naviguer dans l'air à force de rames; car de
flotter avec le courant, ce n'eſt naviguer.
Cependant je ne ſaurois jamais m'imaginer,
que l'on puiſſe donner un mouvement auſſi
rapide au navire aërien par les rames, que par
ce moyen on en en donne aux galeres & aux
chaloupes; quoiqu' un certain machiniſte ſe
ſoit perſuadé, de faire avancer le navire dans
l'air à forces de rames avec la viteſſe d'une
fléche tirée de l'arbalête- Il eſt vrai, que la reſiſtance de l'air eſt 700 à 900 fois moindre, que
la reſiſtance de l'eau. Mais il faut conſiderer, que
la reaction de l'air contre l'action des rames eſt
auſſi 700 à 900 fois .moindre, que la reaction
de l'eau contre l'action des rames de galeres &
chalouppes. Il faut auſſi obſerver, que les
galeres ne ſont pas tout à fait enfoncées dans
l'eau comme tout le corps du navire aërien eſt
enfoncé dans l'aîr; que leur proue n'oppoſé
point au fluide une ſi grande ſurface, que le
vaiſſeau aërien; que la pale des rames eſt reti-
rée hors de l'eau après chaque pouſſée, mais
qu' on ne ſauroit de même la retirer hors de
l'air, pour faire une nouvelle palade; & enfin,
qu' on ne peut ſans trop d'embarras donner à
la pale de la rame une ſurface 800 à 900 fois
plus grande, qu' en a la pale des rames à
l'eau. Voila trop de difficultés, pour laiſſer

E 3

aucun

aucun espoir, de pouvoir jamais donner au navire aërien par le moyen de rames un mouvement auffi rapide, que celui des galeres & des
chalouppes. Ces imperfections effentielles de
la navigation aërienne font pourtant en quelque
maniére compenfées par l'enorme viteffe, avec
la quelle nôtre vaiffeau peut parvenir au lieu
de fa deftinarion, en rencontrant un vent favorable à fa route. La plus grande viteffe, dont
eft fufceptible le vaiffeau le meilleur voilier en
déployant toutes fes voiles, n'eft, qu'un
quart de la viteffe du vent. Or le vaiffeau
aërien finira en un jour la route, que le vais-
feau de mer ne peut achever avec le même vent
qu'en quatre; & encore fera-t-il douteux, fi
ce vent favorable continue toujours à foufler
pendant un fi long efpace de tems.

§. 31.

Avancement du vaiffeau aërien par les rames.

Voyons à prefent, quel mouvement
on pourroit donner à nôtre vaiffeau par le
moyen de deux rames affez grandes, maniées
par deux hommes. Donnons leur 15 pieds de
longueur, dont 3 pieds entrent dans le bateau.
La pale de ces rames fera une voile latine ou
triangulaire de toile fine verniffée, longue de
9 pieds & large de 4 pieds. Ces deux rames

oppo-

oppoferont à l'air 36 pieds quarrés de furface en chaque pouffée. Comme leur bras court ne peut bien être pouffé par un plus grand efpace, que de 2 pieds, la viteffe du centre de gravité de la pale, recevant la force moyenne de la reaction d'air, fera en même tems de 6 pieds. Le tems requis pour faire une palade, ne peut être moins d'une feconde, moins à caufe de la refiftance de l'air, que de l'inertie d'un fi long levier. La pouffée faite il faut tourner tellement la rame, que fa pale foit dans une fituation horizontale & la ramener dans cette pofition, pour en faire une nouvelle. L'action de la tourner & la retirer demandera 2 fecondes. Ainfi le tems d'une pouffée á l'autre fera de trois fecondes. Soit la viteffe du centre de la gravité de la pale dans 1 feconde $= V$, la viteffe, que le vaiffeau en recevra $= v$; la hauteur due à la viteffe $V = H$; due à la viteffe $v = h$; nous aurons $H = V^2 : 60,39$ pieds $= 36 : 60,39 = 0,5961$ de pied, & la pefanteur de la colonne aërienne preffant contre la pale fous la viteffe de 6 pieds fera $= 36 \times 0,5961 \times 2,858 : 32 = 1,916$ livres. Il eft clair, que cette action des rames fur l'air n'eft qu' environ $\frac{1}{10}$ de la force, que peut employer un homme, accoutumè au travail. Or il faut, ou, qu' on faffe chaque pale 20 fois plus grande, ou qu' on en augmente $4\frac{1}{4}$ fois la viteffe, à fin que d'obtenir, que les deux ra-

meurs

meurs puiffent employer toute leur force, pour faire avancer le vaiffeau. Mais ces deux expedients ne font pas bien praticables, car chaque pale devoit avoir ou 360 pieds quarrés de furface, ou la rame une longueur de 57 pieds. Pour trouver la viteffe, que pourra donner au vaiffeau aërien la petite force de nos rames de 15 pieds de longueur, il faut auparavant determiner la refiftance, que l'air oppofera à fon mouvement.

§. 32.
Refiftance de l'air.

Il eft connu par la theorie & par l'experience, que dans les mouvements lents la refiftance des fluides fur le corps en mouvement eft en raifon du quarré de la viteffe; il f'en fait, que cette refiftance eft egale au poids d'une colonne du fluide, dont la bafe eft la furface relative recevant la preffion du fluide, & dont la hauteur eft due à la viteffe du corps. Cette furface relative eft une furface plane, qui eprouve la même refiftance par la preffion directe du fluide, que toute la furface anterieure du corps en eprouve par fa preffion oblique. On trouve par l'analyfe, que je ne detaillerai point ici, que la furface relative de la fphere eft $\frac{1}{2}$ de l'aire le fon grand cercle, & que celle du cone eft $\frac{1}{8} d^3 : c^3$ de fa bafe, ou c mar-

que

que la longueur du coté oblique du cone. L'aire
du grand cercle de nôtre sphére êtant 2827
pieds quarrés, sa surface relative sera de
1413½ p. q. La pression de l'air sur cette surface en mouvement ne peut être ni moindre,
ni plus grande, que la pression de l'air sur
les deux rames en action, sçavoir de 1,916 lv.
En cherchant la hauteur b d'une colonne d'air
qui, ayant la surface relative pour base, pese
1,916 lvrs, nous aurons $b = 1,916. 32 :
2,858. 1413,5 = 0,01517$ p. Parceque
$b = v^2 : 60, 39$, nous aurons la vitesse de
notre ballon sphérique $v = \sqrt{(60, 39 . b)}$
$= 0,9573$ du pied en trois secondes, ou
$0,3191$ d. p. dans une seconde, vitesse de la
tortue, peu convenable pour le voyageur
aërien. Pour achever un dégré de l'equateur
de 57270 toises, on auroit besoin de 12¼
jours, & un mille geographique de 22908
pieds ne seroit parcouru, qu' en 20 heures.

§. 33.
Roue à rames.

Que faire dans cet embarras, qui semble
reduire la navigation aërienne par l'action des
rames à si peu de chose, qu' il ne vaudra pas
la peine de s'en servir? Ne desesperons cependant de trouver d'autres moyens plus avantageux. Substituons aux rames ordinaires une

E 5

roue

roue à rames à la proue du bateau, qui, étant tournée par deux hommes, contribuera plus à l'avancement du vaiſſeau. Mais quand même le ſucces ne repondroit pas tout à fait aux douces eſperances des navigateurs aëriens, il ſuffira pourtant pour nous conduire par l'eſpace egal à un degré de l'equateur en $1\frac{2}{3}$ jour. Je ſçais bien, que l'on à appliqué ſans ſucces des roues à rames aux galeres, mais ces roues etoient d'une autre façon & appliquées à leurs cotés. Elles n'etoient point entierement enfoncées dans l'eau & agiſſoient ſeulement avec une ou deux pales contre l'eau. Nôtre roue au contraire eſt tout à fait enfoncée dans l'air & agit continuellement avec toutes ſes pales contre ce fluide. En voici le devis, & le calcul de ſon effet. Les rayons de la roue ont 6 pieds de longueur. Leur quatres ailes de toile fine verniſſée ont 4 pieds de long & 3 pieds de large au bout exterieur, & 2 pieds au bout interieur. Leur angle avec l'eſſieu de la roue doit être tel, que la viteſſe relative à l'avancement, que reçoit l'aile par la preſſion de l'air oppoſé au mouvement de la roue, avec la ſurface relative, ou le produit du quarré du ſinus d'incidence par ſon coſinus ſoit un *maximum*. Il eſt connu, que l'on ſatisfait à cette condition, en choiſiſſant l'angle d'incidence, dont la tangente $= \sqrt{2}$; cet angle étant de 54°, 44', l'angle des ailes avec l'eſſieu de la roue ſera de 35°, 16'.

Sui-

Suivant les essais de Mr. *Schober* il falloit sub-
stituer au lieu du quarré du sinus d'incidence
sa dignité $\frac{3}{2}$; l'angle d'incidence en resultant est
de 50°, 46′, & l'angle des ailes avec l'essieu
de 39°. 14′. Mais nous suivrons à present la
determination usitée. L'essieu de cette roue
aura deux manivelles arrangées en angle droit,
dont le rayon sera de 9 pouces, & la manche
de 10 pouces, entourée d'un canon de bois,
revetu de cuir mou. Le cou de l'essieu passera par un collier de fer mobile sur la proue
entre deux anneaux, à fin que de pouvoir incliner l'essieu autant, que la profondeur du bateau
le permettra. L'autre bout de l'essieu entrera
dans le collier d'une traverse, qu'on pourra attacher aux bords du bateau & en oter. Au fond
du bateau il y aura un autre collier pour recevoir le même bout de l'essieu, en cas, que
l'on veuille incliner la roue, pour monter ou
descendre dans l'air. Pour pouvoir tourner
les manivelles dans cette situation sans trop
d'incommodité, il faut les arranger si proche de
la proue, que le puisse permettre l'inclination
de l'essieu. Il sera bon de faire cet essieu de
cuivre battu, à fin que la boussole du bateau
n'en soit troublée. Il sera assez solide ayant
un pouce quarré d'epaisseur.

§. 34.

§. 34.

Avancement par la roue à rames.

Voyons à préfent, quel fera l'effet de cette roue pour avancer nôtre vaiffeau. Il eft connu, que la force moyenne de la preffion de l'air fur les ailes en mouvement eft dirigée contre le centre de gravité de chaque aile, dont la diftance de l'effieu eft de $4\frac{1}{4}$ pieds. Ce centre de gravité decrira dans chaque revolution une peripherie de 26,7 pieds. Or fi cette revolution f'acheve dans une feconde, la roue fera le même effet, que fi le vent de 26,7 p. par feconde agiffoit fur une voile de 40 pieds quarrés, faifant un angle de 35° 16' avec la carene. Sa furface relative fera $= 40.$ fin. $i = 32,66$ p. q. La viteffe du centre de gravité relative à l'avancement fera $= 26,7 .$ f i cof. $i = 12,58$ p. & la viteffe relative à l'action des rameurs $= 26,7 .$ f$^2 i . = 17,8$ p. Puisque $H = V^2 : 60,39, = 12,58^2 : 60,39 = 2,624$ p.; nous aurons la pefanteur P de la colonne de l'air, agiffant par fa preffion fur les voiles, pour faire avancer le vaiffeau, par l'equation $P = 32,66 . 2,624 . 2,858 : 32 = 7,654$ livres. La refiftance, que les rameurs auront à vaincre, fera de 15,3 livres $= 32,66 . 5,247 . 2,858 : 32.$ Ce poids reduit à la manivelle fera de 86,73 lvs, poids, que deux hommes pourront à peine foulever en une

feconde

seconde à la hauteur de 18 pouces, dans un travail continuel. Il ne sert à rien, d'augmenter le rayon de la manivelle p. e. de 3 pouces au plus, car la hauteur, à la quelle le poids doit être elevé, accroitra dans la même proportion, que le poids reduit est diminué. La roue n'est donc susceptible d'une vitesse plus grande, que celle, ou la resistance de l'air est egale à la force de deux hommes. Cette force peut être representée par le produit du poids elevé & de la hauteur de son elevation en une seconde. Ce produit est suivant l'experience de *Lesauveur* pour un homme accoutumé au travail, $= 42$. Voici une equation generale pour trouver la vitesse, dont est susceptible chaque espece de notre roue à rames par la force d'un nombre donné d'hommes. Soit la surface des pales de la roue $= S$; leur surface relative $= S$ sin. i; le rayon du centre de gravité des pales $= R$; la vitesse de ce centre en $1'' = 2 Rpn$; le rayon de la manivelle $= r$; la pesanteur du pied cube d'air en livres $= a : 32$; la force d'un rameur $= f$; nombre des rameurs $= N$, la vitesse due à la gravitation en $1'' = g = 30,195$ pds. Parmi ces quantités il y a la seule inconnue $n = {}^3\sqrt{(Nf. 2 g. 32)} : 8 R^3 p^2 .$ sin^5 $i . S . a$; qui limite l'espace, que le centre de gravité peut parcourir en $1''$ par la force donnée. Or nous aurons dans nôtre roue $n = 0,8643$; la vitesse du centre de gravité $= 2 Rpn = 23,08$, la vitesse relativé à l'action

des

des rameurs $= 15,386'$; relative à l'avancement $= 10,88'$, $= V . H = 1,06'$; $P =$
5,718 lv. & le poids de l'air refiftant à l'action des rameurs, reduit à la manivelle $=$
64,79 lvrs, & la hauteur, à la quelle ce poids
eft elevé en $1'' = 2 r n = 1,296'$. Le produit de ces deux nombres eft 84, egal à la
force de deux rameurs. La preffion de l'air
contre les ailes dans la direction d'avancement
étant de 5,718 lvrs, l'avancement du vaiffeau
par cette preffion fera tél, ou la preffion de
l'air contre la furface anterieure du navire
egale la preffion de l'air contre les ailes de la
roue. La furface relative du ballon fpherique
êtant de 1414 pds q; nous aurons $v^2 = 32$.
$2 g . P : 1414 a = 2,7343$, & $v = 1,6535$
pied par feconde, avancement encore affez lent,
car avec cette viteffe il faudroit 2 jours & 9
heures pour parcourir 15 milles geographiques, ou un degré de l'equateur. Cette len-
teur eft due à la grande furface du ballon fpherique. Or donnant au corps du vaiffeau la
4ieme forme, fa viteffe par la même force fera
de $2,257'$ par feconde; de 8485' par heure,
& un degré de l'equateur fera parcouru en $1\frac{2}{3}$
jour. Enfin la viteffe du vaiffeau da la fixieme
forme par la même force fera de 2,823 pieds
par feconde, de 10164 pieds par heure, & il
ne faudroit, que $22\frac{1}{2}$ heures pour parcourir
l'efpace d'un degré de l'equateur; mais auffi
faut

faut-il relever les rameurs de 8 en 8 heures. En donnant à la roue 6 ailes, on procurera aux rameurs l'avantage, de n'être point obligés à faire un tour de manivelle en 1,157 feconde, viteffe affez difficile à foutenir long tems. En doublant ou triplant le nombre des rameurs, le quarré de la viteffe du vaiffeau deviendra le double ou le triple de la precedente. En ce cas on doit ou arranger deux roues, une fur la proue, l'autre fur la poupe, & le gouvernail fous la caréne du bateau, ou tourner la premiere moyennant une roue & pignon intermede avec une viteffe, dont le quarré eft double ou triple de celle, que nous avons determiné pour deux rameurs. Il merite auffi d'être examiné, f'il ne vaudroit mieux, d'égaler d'avantage les deux viteffes relatives à l'action des rameurs & à l'avancement, en donnant aux ailes une inclinaifon de 45°. Voila tout ce, que me fournit à prefent la fource mechanique, pour mettre le vaiffeau aërien en mouvement. Je doute fort, que l'on puiffe jamais trouver de mechanifme plus avantageux & plus convenable, que celui, que je viens de propofer.

§. 35.

Monter & defcendre avec le vaiffeau aërien.

Si le corps du navire aërien eft un ballon de taffetas, il eft facile de monter par la force
ele-

elevante à une certaine hauteur & de redefcendre par la feule action de la roue à rames. Comme il eft dans nôtre pouvoir de le mettre en equilibre avec l'air dans tout l'efpace, qu'il peut furmonter, (§. 26.) on inclinera l'effieu de la roue autant, que le permet la profondeur du bateau; en tournant la manivelle en un fens, on montera jufqu' au point ou le ballon eft tout à fait enflé; en la tournant dans l'autre fens, on redefcendra à terre. Mais le vaiffeau aërien de metal n'eft pas de nature à pouvoir être mis en equilibre avec l'air dans tout l'efpace, par le quel il peut monter, à moins d'appliquer à fon goulet un ballon de taffetas ou de toile fine ferrée, qui puiffe recevoir le gas dilaté du vaiffeau à caufe de la moindre preffion de l'air exterieur en haut; ou en pompant une portion convenable du gas hors du vaiffeau, & en le comprimant dans un refervoir. Mais cette operation feroit toujours trés embarraffante dans nôtre petit bateau. Suivant mon avis on ne fe fervira d'aucune de ces deux methodes, mais on pourvoira le bateau d'une ancre, propre à l'enfoncer par fa chute perpendiculairement dans la terre & d'un cableau fin & ferme. La longueur de ce cableau fera à peu près égale à l'hauteur, à la quelle on veut monter. En voulant redefcendre, on jettera l'ancre, & on halera fur le cableau, qui paffe par un trou (*ecubier*) au milieu

lieu du fond du bateau. Le vent étant frais, il faut haler fur le cable paffant autour d'une poulie attachée au ballon même, à fin que le bateau ne panche pas trop d'un cotè. Le vaiffeau étant d'une forme conocylindrique, l'inclination du cylindre même peut contribuer auffi bien à l'elevation, qu'à la defcente du vaiffeau. Une corde attachée aux deux bouts du cylindre paffant par le bateau, fervira pour l'incliner à volonté. En l'inclinant vers l'ancre, il fera preffé en bas, & dans une fituation contraire il fera pouffé en haut. Il fera cependant toujours perilleux pour le vaiffeau, de jetter l'ancre dans une plaine, le vent étant frais ou violent. Dans ce cas il faut plutôt chercher un vallon à l'abri du vent, ou une place à couvert d'un chateau, d'une forêt ou d'une eglife, & y amarrer le vaiffeau fi proche de la terre, qu'il eft poffible. La force f, que peut foutenir une corde ordinaire, dont la peripherie p eft donnée, avant que de rompre, fe trouve par l'equation $f = 4,85\ pp'''$ livres. Mais pour des cordes fines le coëfficient monte de 5 à 11. La pefanteur P d'une toife de corde fe trouve par l'équation $P = pp''' : 809$ livres. L'ancre, deftinée moyennant fon cableau à tirer le vaiffeau à terre, ne fera point de la forme ordinaire, parce qu'elle mordroit difficilement dans la terre feche & endurcie, mais elle doit avoir la forme de

F deux

deux triangles de fer, joints fous un angle droit, qui enfoncés dans la terre puiffent refifter de tout coté au tirage. (fig. 8.).   Pour faire enfoncer l'ancre d'avantage, on en peut charger la verge d'un cylindre de fer coulé. Si le cableau attaché ne fuffiroit pas pour faire enfoncer nôtre ancre dans la direction verticale, il faudra attacher à fa verge un cone renverfé de fer blanc, ou une bouée de liége, qui par la refiftance de l'air puiffe tenir l'ancre dans la direction verticale.   Comme il n'y a que trois moyens de faire defcendre le vaiffeau de metal à terre, fçavoir d'y introduire de l'air commun, de le haler en bas en tirant le cableau de l'ancre, ou de le pouffer en bas par l'action de la roue à rames, on fera bien de ne monter jamais plus haut, que la longueur du cableau & la hauteur, à la quelle l'action de la roue peut elever le vaiffeau, le permettent.   Pour menager la pefanteur du cableau, il peut être compofé de pieces de differente epaiffeur; la force elevante de l'air étant plus grande prés de la terre, qu'en haut de l'atmofphère, la partie du cableau la plus proche de l'ancre doit être la plus forte.   A fin de connoitre lés dimenfions du cableau requis pour cette manœuvre, fuppofons que nôtre ballon fphérique foit rempli avec fon gas le baromètre étant à 28", & le thermomètre à + 10°; la pefanteur du pied cube de l'air inflammable fera

alors

alors de 2,858 . 3 : 17 $=$ 0,505 demionces; $Ve = $ 8316 lv; $Sm + b =$ 7362 lv. & 8316 — 7362 $=$ 954 lv. excedant de la force elevante fur le poids du vaiffeau. Par cet excedant le vaiffeau fera elevé à la hauteur d'environ 3000 pieds, ou 500 toifes. Donc le cableau peut être compofé en longueur de 5 cordes, dont la fermeté ou coherence eft fucceffivement de 1500, 1200, 900, 600 & 300 livres; & la peripherie relative de 16, 14, 12, 10, & 8 lignes de pouce. Cette compofition pefera 93 à 96 livres. Un petit cabeftan horizontal à manivelles arrangé au deffus de l'ecubier facilitera le tirage en approchant de la terre, ou la refiftance eft augmentée. En fin pour être toujours fur, que l'on puiffe defcendre, quand même il vint à arriver quelque accident, comme p. e. que le cableau venoit à rompre, ou, que l'ancre ne pouvoit pas penetrer dans la terre, il faut ajufter deux foupapes elaftiques, l'une en haut, l'autre en bas du vaiffeau. En les ouvrant moyennant une petite corde, l'air commun entrera par celle d'en bas & le gas fortira par celle d'en haut. Car il vaudra toujours mieux perdre le gas & retourner fur la terre, que de devenir un fatellite perpetuel de ce planete & perir en ce miniftére de faim & de froid. Pendant le tems, que l'on ne fe fert pas du vaiffeau, il fera neceffaire de bien fermer ces canaux moyennant un couvercle viffé, à fin

F 2

que

que le gas trés subtil ne puisse peu à peu trans
spirer par les soupapes. Au lieu de soupapes,
qui sont toujours suspectes de laisser passer insen-
siblement le gas, on peut adapter deux tuyaux
de fer blanc au fond du vaisseau, descendant
vers le bateau, dont l'un *a* passera dans l'interieur du vaisseau à la hauteur d'environ 10
pieds, l'autre *b* s'ouvrira dans le fond même.
Les ouvertures d'en bas seront soudées, & en
cas de detresse, lorsqu' on ne pourra descendre
autrement, on en ouvrira les bouts à l'aide
d'un couteau. Alors l'air exterieur entrera par
le tuyau *b*, & le gas sortira par le tuyau *a*.
On peut aussi forcer sa descente en cas de ne-
cessité sans tout cet appareil en tirant de bas en
haut une balle de plomb par la croute du vaisseau. Tous ces trois moyens priveront le
vaisseau de sa vertu ascendante, en y admettant de l'air commun; & il est douteux, si on
pourra jamais l'en chasser entierement, en y in-
troduisant une nouvelle portion de gas inflammable.

§. 36.

Pilotage dans l'ocean aërien.

Le pilotage, étant la science de gouverner
& conduire surement les vaisseaux d'un port à
l'autre, demande la connoissance de l'ocean,
de ses bancs & ecueils, des vents veriables &
ali-

alifés y regnants, des ports, & des moyens
de fuivre la route la plus courte à l'aide de la
bouffole, & d'affigner de tems en tems le lieu
de la terre, ou le vaiffeau fe trouve. Comme
le pilote de mer reconnoit fouvent la pofition
de fon batiment par la condition du fond, le
pilote aërien reconnoitra beaucoup mieux celle
de fon navire par la configuration des montagnes, des rivieres, des villes, villages & chateaux, par deffus les quels il paffe. Il doit pour
cet effet être pourvu de cartes ichnographiques,
qui reprefentent toutes ces marques, & d'autres cartes, reprefentant les lieux remarquables
en perfpective à vol d'oifeaux, furtout ceux,
qui offrent un abri contre des vents impetueux,
à fin, de ne pas en être entrainé plus loin,
qu' on ne voudroit. Il dirigera fa route fuivant la bouffole, dont il connoit la declinaifon
en differents lieux. Il mefurera la viteffe de
fon vaiffeau par l'efpace parcouru dans un tems
connu. En paffant par deffus une contrée,
ou les diftances des lieux remarquables ne font
connues, il obfervera le nombre des fecondes,
pendant les quelles un objet terreftre parcourt
un angle connu, formé fur le bord exterieur
du bateau par deux dioptres. La hauteur du
navire étant donnée par la hauteur du baromé-
tre on trouvera aifement la viteffe du vaiffeau.
En cas, que le navire flotte au gré du vent
fans l'ufage des rames, la proue du bateau fera

F 3

tantôt

en avant, tantôt en arriere, & le pilote ne connoitra le rhumb de fa route fur la bouffole, qu' en
obfervant la fituation des lieux, par deffus les
quels il a paffé, par fes dioptres.   Lorsqu' il
navigue fur un païs inconnu, il prendra la
hauteur du pole avec fon octant à niveau.   Il
determinera fa longitude à l'aide d'une bonne
montre & de l'heure obfervée par la hauteur
du Soleil ou des aftres.   Comme la direction
du vent differe fouvent en diverfes hauteurs
de l'atmofphere, il cherchera, autant qu' il
peut, le courant le plus favorable à fa route.
Il étudiera encore les variations du flux & re-
flux dans l'atmofphére par la differente action
de la Lune & du Soleil, & les courants, qui
en doivent refulter.   Pour fçavoir, f'il peut
arriver à un certain lieu fitué à coté de la route
du vent, il tirera fur la carte une ligne droite
DL, Fig. 7, du lieu du depart jusqu' à celui
de fa deftination, & une autre DV fuivant la
direction du vent.   La premiere tracera la
route à fuivre dans l'air calme.   Mais dans un
courant d'air il faut prendre un tout autre
cours.   Pour voir fimplement, fi l'on puiffe y
arriver ou non, on abaiffera du lieu deftiné une
perpendiculaire LP fur la ligne de vent DV.
Si le vaiffeau peut parcourir la ligne LP à
l'aide des rames dans le même tems, que le
vent parcourt la ligne DP, l'on pourra y
arriver; fi au contraire l'efpace LP demande
plus

plus de tems, qu' il n'en faut au vent, pour parcourir l'espace DP, on ne sauroit y parvenir. Pour connoitre la route, qu' il faut suivre au premier cas, on tirera sur le lieu du depart la meridienne magnetique DM. Dans le parallelogramme $DVLR$ on connoit l'angle LDV entre la ligne du vent & le rhumb du lieu, la vitesse relative du vent DV, la distance du lieu destiné DL, & la vitesse relative du vaisseau due à l'action des rames DR. En faisant $DR : RL =$ sin. DLR : sin. LDR, on aura $LDR + LDV + VDM = MDR$, qui sera le rhumb apparent sur la boussole, qu' il faut suivre, pour parvenir au lieu destiné. Le pilote doit aussi connoitre la hauteur des montagnes situées sur son chemin, & si l'elevation en est plus grande, que celle du vaisseau, il doit prendre garde, de ne pas y faire naufrage. Il cherchera plutot à force de rames se faire passage entre deux montagnes. Mais si la montagne soit seulement un peu plus elevée, que le vaisseau, il laissera trainer une partie de son lest sur la terre, & le navire allegé ne tardera pas à s'elever plus haut. Cependant si cela ne suffit pas, les voyageurs eux mêmes descendront à terre, en prenant garde, que le navire ne s'envole sans eux, & ils le traineront sur la hauteur, qui s'oppose à leur route. Une echelle de cordes facilitera leur descente, sans que le ba-

teau

teau touche la terre, & fervira à la fecurité des voyageurs en cas, qu' ils defcendent à terre dans le voifinage de villes ou de villages. Dans les contrées, ou il y aura à craindre des infultes des habitans, on defcendra dans un vallon ou dans une forêt, ou le navire n'eft point tant expofé à la vue. Pour rendre la defcente facile, le pilote leftera fon vaiffeau de maniere, qu' il ne f'eleve dans l'air, qu' à la hauteur de 400 pieds ou environ; & en rencontrant une montagne plus haute, il jettera peu à peu de fon left, mais feulement ce, qui eft neceffaire pour gagner le fommet, ou il pourra lefter fon bateau de nouveau. De cette mani-ére on pourra franchir les plus hautes mon-tagnes de l'Europe, fi d'ailleurs le vaiffeau puiffe f'elever à ce point, fans, qu' on foit obligé de lacher une partie du gas inflamma-ble. En fin fi le pilote voie de loin monter fur l'horizon une nue noire, groffe de foudres, il cherchera de bonne heure un afyle contre l'orage imminent dans un vallon, ou il faudra attacher un garde-foudre au vaiffeau; ou il montera plus haut, que n'eft elevée la nue foudroyante fur la terre, fi toute fois la condi-tion du navire permet de redefcendre d'une fi grande hauteur; ou enfin il fe determinera de fuivre le courant impetueux auffi loin, qu' il puiffe aller, & d'y attendre un vent favorable pour le retour. Ce fera toujours de la derni-

ére

ére importance de trouver un moyen de mettre nôtre vaiſſeau aërien à l'abri des inſultes de l'orage, & ce point merite l'attention des plus heureux genies mechaniques. Un vent de moyenne viteſſe entre le calme & l'ouragan european, ſçavoir de 30 pieds par ſeconde, exerce ſur chaque pied quarré une preſſion de $1\frac{2}{3}$ livre; elle ſeroit donc ſur nôtre ballon ſpherique de 1885 livres & ſur le vaiſſeau conocylindrique de 1211 livres. Un ouragan de 60 pieds p. ſ. agiroit avec une force quadruple. Je doute fort, que une croute de metal ſi grande & ſi mince arretée par l'ancre puiſſe ſoutenir cette derniere force ſans en ſouffrir. Or je ne puis donner d'autre conſeil, que d'imiter dans un tel cas les pilotes de mer, qui incapables de reſiſter plus à la tempête ſ'abandonnent à Dieu, en ſe laiſſant aller à mâts & à cordes.

§. 37.

Etendue viſuelle dans une hauteur donnée.

Puisque la grande étendue de l'aire de la Terre expoſée à la vue des voyageurs aëriens eſt un des plus beaux ſpectacles, que nous offre cette nouvelle invention, ſans même regarder l'utilité, que la topographie en peut attendre, je vais donner ici une ſolution alge-

brai-

braique moins commune de ce probleme, au lieu de la folution ordinaire par la trigonometrie.   Soit (Fig. 9.) le rayon de la Terre $CT = r$; la hauteur donnée fur la Terre $AH = b$; la diftance, ou le rayon vifuel touche la Terre $HT = d$,   Puifque dans le triangle rectangle CTH le coté $HT = \sqrt{[CH^2 - CT^2]}$ & $CH^2 = (r + b)^2 = r^2 + 2rb + b^2$, nous aurons $HT = d = \sqrt{(2rb + b^2.)}$.   Comme b^2 eft trés petit en comparaifon avec $2rb$, on pourroit fans aucune erreur fenfible ne pas y faire attention; car la difference du produit dans la hauteur de 1000 toifes n'eft que de 6 toifes fur 35 lieues. Donc le voyageur aërien, elevé à la hauteur de 1000 toifes, aura fous fes yeux une aire de la Terre, dont le diamètre eft de $2\frac{4}{5}$ degrés de l'equateur, ou de 42 milles geographiques, ou de 70 lieues (de 25 par degré).   Voici une petite table de la diftance du lieu, ou le rayon vifuel d'une hauteur donnée touche l'horizon.

Haut. en tois.	$\frac{5}{6}$	50	100	200	400
Dift. en lieues	1,02	7,92	11,20	15,84	22,41

Haut. en tois.	600	800	1000	1500	2000
Dift. en lieues	27,44	31,68	35,43	43,40	50,51

§. 38.

§. 38.

Service du vaiſſeau aërien.

La navigation aërienne peut non ſeulement nous procurer des plaiſirs extraordinaires, mais auſſi nous rendre des ſervices reels & importants. Par un tems calme de l'été, ou le barometre ne menace point des tempêtes foudroyantes, ou auſſi l'avantmidi, qu' il en arrive rarement, on pourra faire des promenades & des excurſions dans l'air, & profitant de ſa fraicheur en haut aller voir ſes amis à la campagne, en ſe ſervant des moyens, dont j'ai fait mention dans le §. 30. Si l'on ait le vent tout à fait ou à peu près favorable à ſa route, & aſſez de loiſir pour attendre un vent propre pour le retour, on pourra achever un long voyage en très peu de tems. Si le vent en haut de l'atmoſphere eſt contraire à celui, qui regne près de la terre, ce qui à ſouvent lieu, on peut partir par la baſſe region de l'air & en retourner par une plus haute. La viteſſe de l'ombre des nues ſur la terre nous apprend, que la viteſſe du vent dans la region des nues monte ſouvent á 90 pieds par ſeconde. Quoique je ne voie de peril pour nôtre vaiſſeau flottant avec un tel courant, j'en prevois pourtant beaucoup, ſi le voyageur veuille deſcendre, ſans avoir trouvé dans le voiſinage un aſyle contre l'action d'un courant ſi imperueux.

Voici

Voici le chemin en lieues à 25, & en milles à 15 par degré, que l'on peut faire dans une journée de 12 heures, la viteſſe du courant par ſeconde étant donnée en pieds:

viteſſe d. vent	10′	15′	20′	30′	40′
avanc. en li.	31,5	47,3	63,0	94,6	126,1
av. en mill.	19,0	28,6	38,1	57,2	76,3
viteſſe d. v.	50′	60′	70′	80′	90′
av. en lieues	157,6	189,2	220,7	252,3	283,8
av. en milles	95,3	114,4	133,5	152,6	171,6

En flottant ainſi jour & nuit avec un courant favorable de 26 pieds par ſeconde, on ira en trois jours de Paris à St. Petersbourg, & en 10 heures à London. Reflechiſſons un peu ſur le plaiſir ſans pareil, qu'on goutera dans un tel voyage, en parcourant les champs azurés & regardant d'un coup d'oeil le vaſte perſpective, qu'offriront les villes, les chateaux, les maiſons de plaiſance, & les villages, dont les inhabitants ne paroitront, que comme autant de Liliputiens. D'un autre coté le navire mont-en l'air peut ſervir à faciliter la topographie dans les contrées, ou la ſituation des lieux n'eſt connue, que ſuivant l'eſtime des voyageurs. En ſ'elevant à la hauteur de 100 toiſes par un tems calme ou presque calme, & en ſe tenant à pic par les rames ſur un lieu remarquable de la terre, on pourra viſer par
les

les dioptres de la bouſſole toutes les villes &
villages ſitués dans l'aire viſuelle de 20 lieues
en diametre.   En repetant cette operation dans
une autre ſtation, eloignée de la premiere de
5 à 6 lieues, on ſera en état de dreſſer ſuivant ces obſervations une carte bien exacte,
même des lieux ſitués dans les vallons & derriere les forêts &c.   Le rhumb d'un lieu à
l'autre étant connu, il ſera facile de marquer
le chemin le plus court de l'un à l'autre, en
tant, que des hautes montagnes n'y portent
obſtacle.   Lorsque cette eſpece de navigation
ſera un jour plus perfectionnée, on pourra
parcourir les contrées peu connues de l'interieur de l'Afrique, de l'Amerique, & de l'Aſie,
ſans que les habitans puiſſent ſ'y oppoſer. Ceux,
qui ont fait naufrage, pourront ſe retirer à
terre moyennant un ballon enflé d'air rarefié
ſuivant la methode de Mr. *de Montgolfier*, ſuppoſé, que le vent & les vagues ne defendent
point de le remplir.   Enfin cet art, pouſſé
à une plus grande perfection, fera ſurement
une revolution conſiderable dans l'art de la
guerre.   L'obſervateur aërien verra l'ennemi
approchant de très loin.   Il ſera inſtruit de ſa
force & de ſes mouvements.   Pendant la nuit
il donnera des ſignaux inſtructifs viſibles à une
très grande diſtance, ſi les nüées ou le broü-
illard ne l'empechent pas.   Il ſ'informera d'en
haut de l'état du champ ennemi, & étant à pic

ſur

fur fes provifions de poudre, il y femera des grenades & des carcaffes deftructives, fans que la fentinelle puiffe le lui defendre. Dans les fieges de forتereffes le guerrier aërien peut de la même facon detruire les magazins de fourages, de poudre & les laboratoires des affiegés. Au lieu de donner l'affaut, on fera defcendre pendant la nuit un troupe choifie de guerriers entreprenants au milieu de la fortereffe, pour furprendre la garde, &c. Cette entreprife ne demande que des navires aëriens, faits de toile ferrée & remplis d'air commun humide, rarefié par la flamme de paille. Pour empecher, que la toile ne prenne feu, on l'impregnera d'une folution d'alun & l'on bouchera fes pores avec de la colle melée avec de la magnefie blanche, à fin de lui donner du corps par une terre très legére. Une portion de miel ou de fucre melé avec de la colle la rendra plus flexible. Une douzaine de ces ballons militaires couteroit beaucoup moins, que les depenfes d'un long fiége. Au lieu de pofter les affaillans dans une gallerie autour du goulet du ballon, on en garniroit la partie inferieure de traverfes legéres, p. e. de bambou, aux quelles on fufpendra des bancs pour les guerriers. Le milieu doit refter libre pour y placer le fourneau. Je ne doute pas, qu' une ëolipile arrangèe dans le fourneau & conduifant dans le creux du ballon un courant de vapeurs chaudes &

alca-

alcalines, dont l'elasticité est augmentée par la flamme, n'aide beaucoup à l'elevation du ballon & n'en empeche en même tems la destruction par le feu. Il est connu par les observations aëroftatiques, que le gas alcalin est très legér, & c'est la raison, que Mr. *de Mont-golfier* s'est servi de laine & d'autres parties animales pour en alleger fon ballon. Car fon gas est une melange d'air commun, de vapeurs aqueufes, d'un peu de gas inflammable, enveloppé dans la fumée, & de gas alcalin, le tout rarefié par la flamme de paille. Il ne fera pas difficile de cacher la flamme à la vue des affiegés. Une manoeuvre ou ftratagéme entrepris en même tems par les affiegeans appuiyera l'operation des guerriers defcendant de l'atmofphére. Le plan de la forterefle & la direction d'un vent foible les inftruira de quel lieu ils doivent partir, pour être portés fur une grande place commode pour la defcente, fans avoir befoin des rames. De l'autre coté les affiegés pourront fe venger de la même façon. Ils peuvent allarmer le camp des affiegeans pendant la nuit, en faifant en même tems une fortie. Ils feront tomber adroitement des grenades dans les approches, &c. Ils feront pourvus de tems en tems de provifions de bouche & de munitions. La forterefle étant enfin reduite à battre la chamade, les perfonnes principales de la garnifon s'envo-

G

leront

leront, à fin de ne pas languir long tems comme prifonniers de guerre. La flotte ennemie ne craignant rien dans fon port, fera expofée au même danger. Un vaiffeau aërien profitant d'un vent foible, mais favorable, ou d'un calme, pourvu de nôtre roue à rames, arrivant à pic fur la flotte, fera pleuvoir fur les navires des carcaffes, ou des grenades de 6 pouces, qni, tombant d'une enorme hauteur, perceront les ponts, & fi par accident elles approcheront de la chambre à poudre, tout l'equippage fautera en l'air. Le bombardier aërien fe fervira d'une lunette d'approche fuf-pendue dans la pofition verticale, pour obferver le moment, ou il nage dans le zenith de chaque vaiffeau. En cas, que le vent ne permette point d'arreter le bateau par les rames, il doit faire de forte, que la grenade tombe dans la diagonale du paralellogramme, compofé par la viteffe de la chute & la viteffe du bateau. Cette diagonale eft par confequent une paraboloide. Je ne vois pas, comment prévenir ces dangers, à moins qu' un autre vaiffeau aërien n'aille à fa rencontre, & voila une bataille navale engagée dans l'air. Mais comment prevoir dans le crepufcule l'approche du vaiffeau aërien ennemi, qui, flottant à la hauteur de 6000 pieds, ne paroitra plus grand, que la Lune? c'eft ce, que je recommande aux meditations des genies militaires. Qu' on ne

f'imas'imagine pas non plus de le precipiter par les armes à feu; car il lui fera facile de fe foutenir dans une hauteur hors de la portée de ces armes. Cependant il n'y a aucun doute, qu' une telle avanture ne puiffe avoir des fuites fort facheufes pour les entrepeneurs. Puisque l' action des rames ne fuffit pas, pour retourner contre le vent, quelque foible qu' il foit, p. ex. de 10 pieds par feconde, les navigateurs fe trouveront quelque fois dans la neceffité de ceder au courant de l'air, & de prendre terre dans le pais ennemi, pour ne pas trop deriver du lieu du depart. Toute leur reffource fera alors de defcendre dans un lieu écarté, & d'y attendre une calme ou un vent favorable au retour. Par ces confiderations il eft affez probable, que l'on verra un jour tomber des pluyes de fang de l'atmofphére. Mais elles ne feront ni copieufes ni frequentes. La navigation aërienne eft fujettée à des difficultés, qui ne permettront point de f'engager dans un combat auffi aifement dans l'air, que fur l'ocean. Peut être reviendra-t-on de toutes parts de la maxime ruineufe, d'entretenir une grande flotte de vaiffeaux de guerre, quand l'experience aura un jour demontré, qu' un ennemi aërien pourra la detruire, fans qu' elle puiffe f'en defendre. Enfin, fi la perfection de la navigation aërienne demandera de nouvelles precautions dans la guerre, il eft fur, que ces mêmes pre-

cau-

cautions multipliées rendront les combats plus rares & moins meurtriers. La derniere guerre en Bohéme a prouvé, que beaucoup de precautions des deux cotés empechent les batailles decisives; & les depenses enormes, que demande la continuation de la guerre, contribueront plus à l'avenir à l'accommodement, que la defaite d'une des parties. Depuis, que l'art de la guerre s'est perfectioné, on n'a plus besoin de calculer le nombre des masacrés dans une bataille par la stereometrie des têtes amassées en monceau, comme le faisoient ci devant les Helvetiens aprés la bataille de Mourten.

§. 39.
Supplement.

J'ai lu dans un journal françois, que les proprietaires d'une fabrique d'acides & de sels mineraux se sont offerts, de fournir le pied cube de l'air inflammable, degagé de fer dissous dans l'acide vitriolique, pour 3 sous, 6 deniers. Suivant ce prix la quantité de ce gas necessaire pour en remplir nôtre ballon sphérique coutera 19792 lvs $=$ 1777 Ducats d'Hollande, au lieu de 33707 lvs $=$ 3025 Ducats, ce qui fera une epargne de 1248 Ducats.

En reflechissant sur la methode d'attacher le bateau au vaisseau conocylindrique (§. 24.) je crois, qu'on fera mieux de chercher le centre

de

de gravité de chaque moitié de ce corps, &
d'entourer la peripherie du cylindre, apartenant
au dit centre, avec un cercle de fer, pourvu de
plufieurs crochets au anneaux. Ces deux cercles
augmenteront la fermeté du vaiffeau, & les
crochets ferviront tant à en fufpendre le bateau,
qu' à y attacher plufieurs branches du cableau
de l'ancre. La force de foutenir le vaiffeau contre un vent violent, étant diftribué par toute la
peripherie, contribuera plus à la confervation
du vaiffeau, que fi le cableau n'étoit attaché qu'
à un feul point de fa furface. Il faut ajoûter,
qu' outre l'ancre formée de deux triangles, on
aura encore befoin d'une ou deux autres à une
feule patte pour amarrer le vaiffeau, à fin de
pouvoir mieux refifter à la fureur des orages

A préfent il ne me refte, qu' à demander
pardon au lecteur François, de m'être fervi d'une
langue moins familiere, pour donner à mes ex-
preffions, fur tout dans une matiere fi difficile,
toute l'elegance & la justeffe, dont elle eft fufceptible, mais étant plus univerfellement connue, que celle de mon pais, j'ai cru devoir la
préferer, d'autant plus, que je me flatte, qu' au
moins mes propofitions n'auront rien d'obfcur
pour tout conoiffeur de la mechanique.

Fin de la premiére partie.

Table

Table des matiéres.

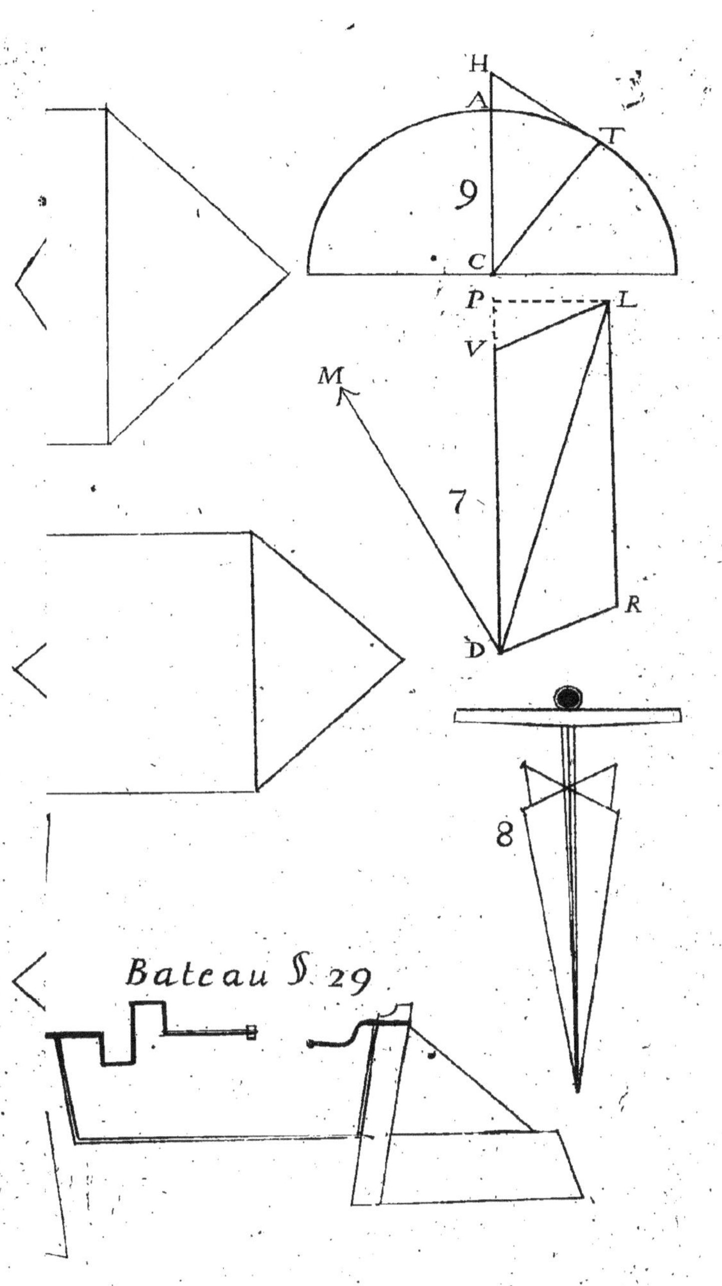

H
A
T
9
C
P
L
V
M
7
R
D
8
Bateau S. 29

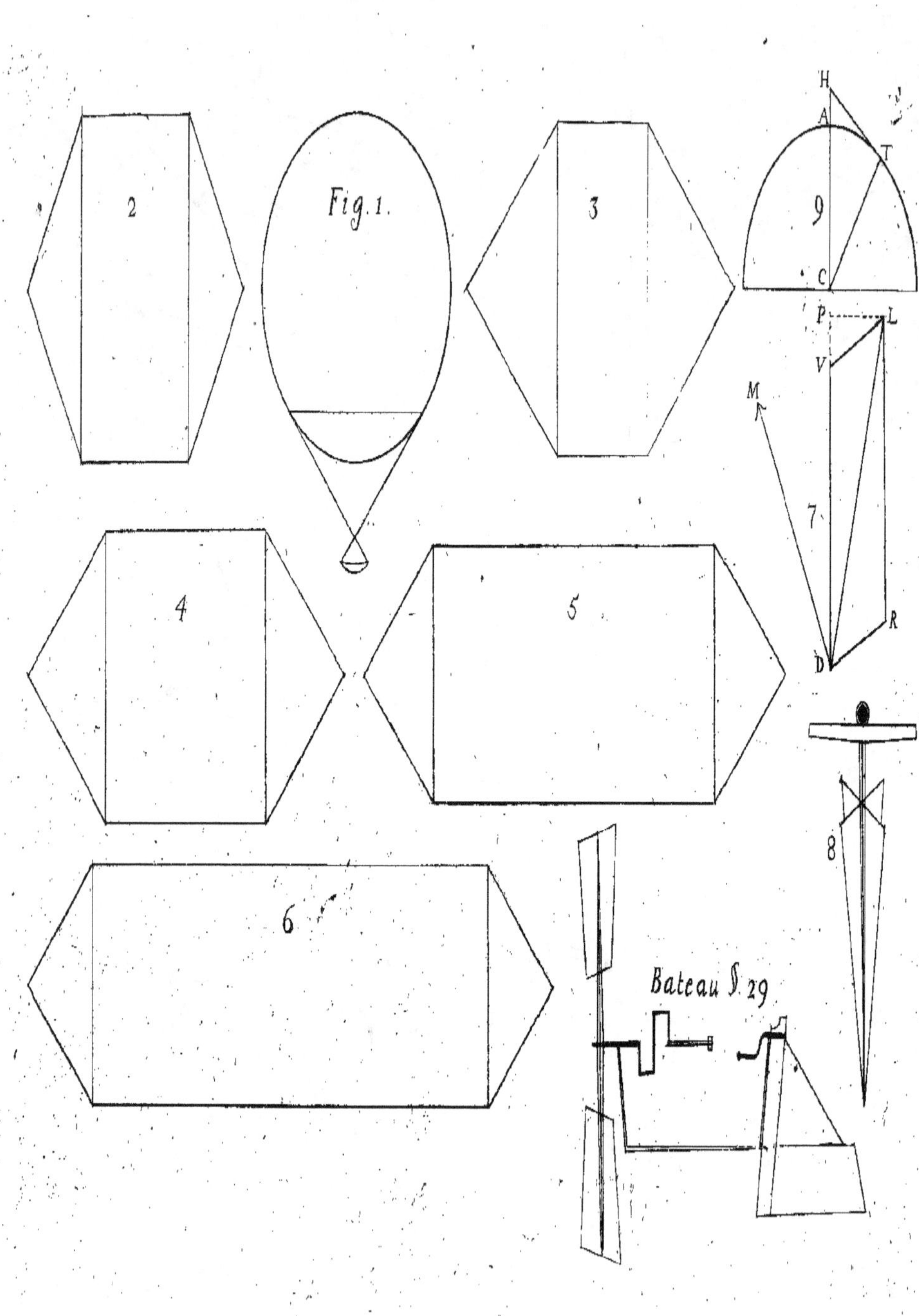

2
Fig.1.
3
9
H
A
T
C
P
L
V
M
7
D
R
4
5
8
6
Bateau §. 29